生死岛

唐山『10·11』特大风暴潮海上大抢险纪实

李春雷 解 解◎著

河北大学出版社
·保定·

出 版 人：朱文富
责任编辑：田　阳
装帧设计：王占梅
责任校对：姚萌萌
责任印制：常　凯

SHENG SI DAO
TANGSHAN "10 · 11" TEDA FENGBAOCHAO
HAISHANG DA QIANGXIAN JISHI

图书在版编目（CIP）数据

生死岛：唐山"10 · 11"特大风暴潮海上大抢险纪实 / 李春雷，解解著. -- 保定：河北大学出版社，2023.12（2024.12重印）
ISBN 978-7-5666-2277-8

Ⅰ. ①生… Ⅱ. ①李… ②解… Ⅲ. ①纪实文学－中国－当代 Ⅳ. ①I25

中国国家版本馆CIP数据核字(2023)第232016号

出版发行：河北大学出版社
地址：河北省保定市七一东路2666号　邮编：071000
电话：0312-5073003　0312-5073029
网址：www.hbdxcbs.com
邮箱：hbdxcbs818@163.com
经　　销：全国新华书店
印　　刷：保定市正大印刷有限公司
幅面尺寸：170 mm × 240 mm
字　　数：210 千字
印　　张：17.5
版　　次：2023 年 12 月第 1 版
印　　次：2024 年 12 月第 2 次印刷
书　　号：ISBN 978-7-5666-2277-8
定　　价：68.00 元

如发现印装质量问题，影响阅读，请与本社联系。
电话：0312-5073023

目　录

引子　海洋飞思

海洋，地球上最广阔的水体。

但，严格来说，海是海，洋是洋。水体中心部分称作洋，边缘部分则是海。

如果要寻找一个相似的比喻，洋与海，恰似大陆与半岛，又好比裙子与裙裾。

的确，与海洋相比，陆地是多么的狭小啊！据科学测算，在我们这个星球上，海洋总面积约为3.6亿平方公里，约占球面的71%。

人类赖以生存的陆地呢，仅占29%。

再除去江河湖泊、沙漠戈壁、高山荒原等不适宜居住的地方，那就更加微乎其微了。

如果说海洋是两扇宽大的门，人类栖息的陆地简直就像一条细小的门缝。

地球为什么要叫地球呢？

地球为什么不叫水球呢？

以上天视角，从高处俯瞰：海洋简直是地球蓝色的底座，简直是亿万生命的母体，乌蓝色的波涛连着乌蓝色的波涛，只有水和水的舞蹈！只有水和水的搏击！

倘若海是液体的天，那么天就是气体的海。海与天分离出一个朦胧的世界，好似留给生命发育的透明的胎盘。

骄傲无知的现代人啊，继恐龙之后，自称万物之灵、地球霸主，多么可笑多么可叹！

只有住在海边的人，才能真正明白：生命极其渺小短暂，海洋无限伟大恒远。

人，面对浩瀚大海，仿佛面对悠长岁月，弱弱肉身，区区百年，不过沧海一粟耳。

可，人毕竟是人啊……

这自诩“宇宙之精华，万物之灵长”的生命群体，这善于利用工具、有思想有欲望的高级动物，怎么甘心俯首称臣?!

尽管在文明诞生之初，在很长一段时间里，人类由于缺乏足够的工具、技术和知识，活动领域仅限于陆地，海洋是一片神秘而恐怖的世界。

然而，人类对未知世界的好奇和探索从未停息。

公元前1000年，波利尼西亚人试水太平洋，拉开了向海洋行进的序幕。

之后几百年里，来自世界各国的冒险者开拓了海上航路。

早期，北美洲停靠着维京人的战船；穿梭于地中海的除了基督徒，还有阿拉伯的穆斯林商人；在印度洋岸，古里古城的石碑上记载了1407年郑和船队的到访，并向世界展示出他们与古代中国友好往来的印证：“民物咸若，熙皞同风，刻石于兹，永昭万世……”

上善若水，浩浩荡荡，全球似乎开始流通，文明正在默默融合。

但是中国呢，在郑和下西洋（1405—1433）之后，突然实施闭关锁国政策，又称洋禁、海禁，从此严格限制对外经济、文化、科技等方面的交流。皇权重压之下，一切戛然而止。

究其原因：首先，郑和下西洋是出于政治目的，一为宣扬大明国威，二为追捕废帝朱允炆；其次，沿海地区频繁出现倭寇入侵；再则，明朝逃犯无处容身，纷纷选择做海盗；又，海上贸易流动性大，税务极难征收；最后，明朝国力衰弱，意欲开源节流。

谁知，源没有扩大，流也被堵塞了。

自此，封建王朝逐渐走向穷途末路。

反观国外，1492 年，以哥伦布发现新大陆为开端，欧洲迎来了征服海洋的黄金时代。

海洋曾经是东西方文明融通的重要场所，后来给欧洲带来了无尽的财富和机遇：凭借海上战争，新兴帝国征服了东方世界；它们从殖民地掠夺资源，反哺本国工业革命；西方文明传播到世界各地，欧洲反身凌驾于世界之上。

欧洲向海而生，因海而兴。它曾建立海上奇迹，也一手酝酿了全球文明危机。

贸易夹杂着战争，现代撕扯着传统，野蛮强暴着文明。西洋在欢笑，东土在哭泣，谁是谁非，谁错谁对，谁又能说清？

海洋，是日不落帝国的船坚炮利，还是落在牛顿身上的苹果；是罗浮宫中微笑的蒙娜丽莎，还是维也纳金色大厅鼓噪的交响乐？

海洋，是血脉偾张的欧洲杯，还是激燃疯狂的斗牛士；是明星频频刷脸的时装周，还是惊艳众人的三大电影节？

毋庸置疑，我们如今正享受着的现代文明，小到服装风格、饮食结构、兴趣爱好，大到思想和经济模式、文化思潮、艺术审美，骨子里都流淌着欧洲基因。

而这一切，都是从海洋上流过来的礼物。

漂洋过海，有风暴，更有风景。

一片天罩着一片海，一片海托着一片天，原始的惊人的空旷，空旷的惊人的原始，水的驼群，水的狮群，水的马群，在水的荒原上疯狂地竞奔！

人类敬畏海洋，却又想征服或开发海洋。

正如诗人艾青的名篇《盼望》所写：

一个海员说
他最喜欢的是起锚所激起的
那一片洁白的浪花……
一个海员说
最使他高兴的是抛锚所发出的
那一阵铁链的喧哗……
一个盼望出发
一个盼望到达

正如歌手郑智化的名曲《水手》所唱：

他说风雨中这点痛算什么
擦干泪不要怕
至少我们还有梦
他说风雨中这点痛算什么
擦干泪不要问
为什么

海洋，实在是诗与歌的世界；海洋，实在是笑与泪的天下！海洋出生多少年都不会衰老，海洋暴晒多少年都不会干涸！

三国枭雄曹操说：“东临碣石，以观沧海。水何澹澹，山岛竦峙。”

明代文豪杨慎说：“白发渔樵江渚上，惯看秋月春风。一壶浊酒喜相逢。古今多少事，都付笑谈中。”

……

无论是帝王将相，还是才子佳人、贩夫走卒，都能在水边找到漂泊、找到归属、找到自己。

观海，永远不早；观海，永远不迟。

海，既能荡涤毫发，又能托起万吨巨轮。

海，是陆地的终点，也是人生的起点。

海洋无边！

海洋万岁！

第一章　渤海湾

渤海，是中国最北的近海，乃国之内海，亦属于内水范畴。

据《中国大百科全书·中国地理》载：渤海主要由辽东湾、渤海湾、莱州湾和中央海盆组成。在《山东省志·海洋志》里，则还包括渤海海峡，共五部分。

渤海湾，是渤海的三大海湾之一，位于渤海西部，在唐山、天津、沧州和山东省黄河口的半包围区域内。

该湾北起河北省乐亭县大清河口，南到山东省黄河口，有蓟运河、海河、滦河等河流注入。

其海底地形大致由南向北，自岸向海倾斜，沉积物主要为细颗粒粉砂和淤泥，油气等矿藏丰富，旅游及渔业资源广布……

1. 鱼嘴

长期以来，在华人的意识里，中国的地形图犹如一只引吭高歌的雄鸡。

这个形象，早已约定俗成。

形象倒是形象，思维难免狭隘。

其实，我们大可发散思维、放飞想象。

若站在宇宙视角来看，地球更像一个巨大的鱼缸，中国大陆则像一条肥鱼，北京和天津是鱼的左、右眼，河北省为丰满的腹部，而渤海湾呢，恰似面向世界、张口吞吐的鱼嘴也！

吞吐的是什么？

是食物般的货物，是潮水般的人气与财富，更是渴望交流的语言和思想。

渤海湾，实在太重要了。

地理上，三面环陆，与河北、天津、山东的陆岸相邻，东以滦河口至黄河口的连线为界与渤海相通。面积呢，1.59万平方公里，水域约占渤海的20％。

因此，这个渤海西部的浅水海湾，成为京津冀的海上门户、华北海运的枢纽。

浅，只是相对而言。

海底地势由岸向湾中缓慢加深，平均水深12.5米。

到了曹妃甸水域，甸头向前延伸500米，水深即达25米，甸前深槽水深36米，为渤海最低点！

由于渤海湾为三面环陆的半封闭海湾，位于中纬度季风区，离蒙古高原较近，因此，气候有显著的“大陆性”特征：一是季风显著；二是冬寒夏热，春秋短促，四季分明，气温年较差大；三是雨季很短，雨水集中在夏季，尤其是7、8两月，降水量占全年的一半以上。

于是，渤海湾的潮汐属正规和不正规半日潮，平均潮差为2—3米，大潮潮差为4米左右。

海浪呢，则以风浪为主，平均波高约0.6米，最大波高可达4—

5 米。

真可谓：无风三尺浪，六月东风寒！

因为流入海湾的河流主要有海河、蓟运河与滦河，所以沿岸河流含沙量大，滩涂广阔，淤积严重。

譬如滦河，年均径流量 47.9 亿立方米，年均输沙量 2210 万吨。

黄河更甚，水少沙多，年均径流量 440 亿立方米，年均输沙量 16 亿吨，占渤海输沙量的 90％以上，是渤海湾现代沉积物的主要来源。

日积月累，年复一年，渤海湾水下不断淤浅，滩面扩增，海底沉积厚度加大，为其他海区所罕见。

可是啊，泥质海滩，地势平坦，日照充足，蒸发旺盛，利于海水浓缩，拥有晒盐的优越自然条件。

所产之盐，数量大，质量好，颗粒均匀，色泽洁白，中外驰名。

尤其是芦台盐场所烧造的盐砖，为明清两代皇室唯一御贡盐砖，并入选“中华老字号”名单。

渤海岸的长芦盐场应运而生，成为我国著名的海盐产地。

据《沧州志》记载，原古漳河支流在沧州境内，因岸边多生芦苇，称为“长芦”。明洪武二年（1369 年），设河间长芦都转运盐使司，主要管理河北省盐的运销和盐税等。以运司驻地在长芦而冠以“长芦”二字，以后，河北省盐区都沿用“长芦”称谓。

时至今日，长芦盐场已成为我国海盐最大产地，约占全国海盐总产量的 30％。

另外，淤泥滩蓄水条件好，在渤海湾，特别是河口附近，浮游生物和底栖生物众多，为鱼虾洄游、索饵、产卵的极佳场所，盛产鱼、虾、蟹、贝等海鲜珍馐。

浩瀚渤海，渔获丰饶。到唐山吃海鲜，一年四季无论何时来，都绝不会空“口”而归。

民谚有证：“春食开凌梭，鲜得没法说。”“谷雨醉蟹肥，人间得极味。”“盛夏品镜鱼，肉鲜兼刺软。”“深秋啖海蜇，头脆又皮嫩。”“寒冬吃‘油光’，赛过喝羊汤。”

人间极味，离不开“鲜”，而“鲜”字呢，左边是“鱼”，右边是“羊”。

鲜在口，醉在心，飘飘欲仙的感觉，也不过如此吧。

海鲜众多，湿地密布，引来水鸟争食、栖息，每年春秋都有大批水鸟迁经此地短暂停歇，使得渤海湾成为我国东部湿地水鸟的重要分布区。

银鸥、红嘴鸥、环颈鸻、反嘴鹬、黑翅长脚鹬、红头潜鸭、白秋沙鸭、斑嘴鸭、绿头鸭、罗纹鸭、针尾鸭、豆雁、灰雁、大天鹅等鸟类翩翩而来，数量多达 100 万只，其中不乏珍稀濒危物种，或引吭高歌，或含情低语，仿佛天使，又像孩童。

19 世纪末，英国的 R. Swinhoe、法国的 A. David、德国的 H. Weigold 等学者，曾在渤海湾进行过鸟类标本采集，并编写了《中国鸟类名录》一书，首次详细记述了不少水鸟在该地区的分布状况；20 世纪 30 年代，我国著名动物学家寿振黄教授，又对华北地区的鸟类进行了系统调查和标本采集，并于 1936 年编写了《河北省的鸟类》一书，其中包括许多在天津、河北等地区分布的水鸟记录……

还有，或许因为海底沉积众多，加上渤海湾为陆上黄骅含油凹陷的自然延伸地带，生油凹陷面积大，第三系沉积厚，含油前景广阔，乃中国油气资源较丰富的海域之一，极具开采价值及开采潜力。

……

一切就这么自然而然地演化着、行进着。

混混沌沌，朦朦胧胧。

像一个孩子。

似一个春天。

2. 渔村庨上

自古以来，“无鸡不成宴，无鱼不成席”。

鱼乃大众美食，也是餐桌上不可或缺的一道“硬菜”。

那么鱼身上最鲜美的部位在何处呢?

鱼唇!

其肉质，介乎鱼肉和鱼皮之间，滑嫩异常，口感极好。

只是鱼唇肉太少了。据说在古代只有皇族和达官贵人才配享用，而普通人家若有幸得到一点，多给老人、孩子品尝。

如果说渤海湾是一个硕大的鱼嘴，那么在鱼嘴的唇部有一个名曰庨上的小渔村，则是其中一块极其精致的鲜肉。

据村史记载，明朝永乐初年，该村由山西、陕西移民迁入，编屯而立，原名“太平岭”，后乃古代兵家仓庨之地，故而取名“庨上”。

仓庨，亦作“仓敖”，意思是储藏粮食的仓库。

此处靠近大海，为什么会储存粮食呢?

原来，当时因旧滦河改道，形成的泝河（俗称二滦河）流经村西，使这里不仅成为渔业码头，还是漕运粮草等重要物资的停泊中转站。

泝河，又称溯河，独流入海，源于古时潮水从河口上溯而通漕运得名。其位置在滦河、沙河之间，起始于唐山市滦县（今滦州市）栗园村附近，在现今的唐山市曹妃甸区蚕沙口村注入渤海，全长97.1公里，流域面积618平方公里，堪称庨上村一带的母亲河。

沂河入海口

不择细流，浩浩荡荡，就这样蜿蜿蜒蜒地流淌，在大地上，在时光里，越过唐宋元明清，流经近代和现代……

近代，战乱频仍，社会动乱，民不聊生，不堪回首。

民谣为证：“矶疙瘩房草编笆，锅里煮的黄须菜，下头烧的马粪渣。”

土草屋，冬不御寒，夏不避雨，阴暗潮湿，异常简陋。

渔民呢，以船为家，铺海盖天，漂泊不定，艰难度日。

无船的渔民更苦，靠着双脚，拉着簸箩，追赶潮退潮落，踏过泥泞海滩，捡拾渔获，维持生计。

但这些，也铸就了当地人不屈不挠、勇于抗争、艰苦奋斗的品格！

1940 年春，在抗日战争最艰苦的岁月中，中共廒上村党支部诞生。在第一任村党支部书记桑正恩的带领下，组织民兵武装，展开了英勇斗争，“夜袭日军岗楼夺耕牛”“夜宿廒上救伤员”等抗日拥军佳话，流传至今。

1943年深冬的一个夜晚，北风呼啸，异常寒冷。因叛徒告密，日伪军凭借优良装备，将冀东“路南抗联游击队”分队长薛苍（祖籍滦南县坨里镇薛庄村）带领的近百人的队伍在今滦南县坨里一带打得七零八落，死伤无数。最后，因寡不敌众，薛苍带着仅剩的二十几人一路向南，来到今曹妃甸区柳赞镇人迹罕至的海边躲避。但日伪军还是不放过他们，以“拉大网”式穷追不舍。情急之下，薛苍带着队伍登上一条破渔船驶向海上避险，敌人见状，随即部署兵员封锁了沿海一带的登陆码头，逼得他们只好漂泊在大海上，忍受饥寒，等待时机重新登陆。

天寒地冻，食物匮乏，三天过后，薛苍带着二十多人仍坐船飘荡在茫茫大海上，饥饿和严寒笼罩着他们，生命危在旦夕。万分危急时刻，在曹妃甸附近海域下海的2名廒上村人得知情况后，不顾生死，几经周折终于在海上找到他们。趁着夜色，驾驶着小帆船，经过艰难航行终于把他们送到岸边。随即躲过敌人的道道封锁线，徒步几十公里，把岌岌可危的抗联队员们送到廒上村。

夜色黑沉，廒上村渔民带着他们敲开村党支部书记桑正恩的家门，说明来由后，桑正恩立即找来村里4名共产党员及民兵烧火做饭，他们把每家仅剩的大米和高粱米凑在一起做成热气腾腾的米饭，让每一位饥寒中的游击队员温暖、吃饱。

天色微蒙，薛苍带着精神饱满的队伍重新踏上了抗日战场。

革命取得胜利后，长期在唐山市计委领导岗位上工作的薛苍每每谈及此事总是说：“没有廒上村党员群众的那次相助，我们不困死在海上，就冻死、饿死在荒野中了，人民群众是我们的真正靠山啊!”

新中国成立后，几经反复，廒上村终于归属唐山市滦南县南堡镇，迎来了长久的和平发展阶段。

1956年，结合现实需要，廒上村拆分成廒上渔业村和廒上农业村两个独立的行政村。

村子虽拆分了，但割不断的是血缘、亲情，渔业和农业依然像分开家的兄弟俩一般，相伴相生。

1959年出生的杨义志，乃廒上当地人，对那段历史烂熟于胸。

据老杨回忆，尽管人民当家作主了，村子也拆开了，但一穷二白的乡亲们，生活依然很苦啊。

先前，杨家祖上有十几亩薄田，世代务农，也算小康。太爷用积蓄买了一条船，雇佣两个渔民当船夫，一边种地一边打鱼，勤勤恳恳，乱世谋生。某天出海，遭遇大风，船毁人亡，家业从此衰败。

太爷大受刺激，扔下一句话："海上多风险，以后不允许家人再出海打鱼！"

为了生活，他们只好去深水坑里取淡水，拉往南堡渔港出售。

南堡渔港距廒上村约百里路，吭吭哧哧，摇摇晃晃，水洒一地，甚是辛苦。

廒上村附近的沂河有出海口，出海口必有渔港，为什么要舍近求远呢？

原来，随着海退陆进，沂河小渔港距离渤海湾沿岸渔场越来越远，渔获销售也越来越不便利，又缺乏冷冻设备，渔民们只好寻求距离岸边较近、交通又较便利、渔业资源更加丰富的渔场。

于是，廒上渔民只好远赴南堡、嘴东一带谋生。夏季休渔期驾船返回家乡沂河码头，修船补网，等待秋天的到来。

秋风乍响，船老大们怀揣满满的期待驾船驶离沂河码头，奔赴南堡、嘴东，开始一年一度的"秋汛"捕捞季。日复一日，年复一年，他们重复着海上单调、枯燥的渔家生活。

……

从老杨记事起，家里的日子就不好过。随着时间推移，在生存现实面前，祖训渐渐被淡忘。后来廒上村被拆分成廒上农业村和廒上渔业村——父亲选择了农业，叔叔则选择了渔业。

可是，海边长大，血浓于水，农林牧副渔业，哪能分得那么清啊！

有时候，你帮我打鱼，我帮你种田；你给我几袋粮食，我给你几篓鱼虾；农业里掺着渔业，渔业里夹着农业，就这样对望着、搀扶着，云里浪里、风里雨里，喜怒哀乐地走进了改革开放。

彼时，太爷和爷爷早已入土，父亲和叔叔日渐苍老，杨义志也长大成人。

杨家像廒上村的其他人家一样，在岁月里浮沉，在大海边遥望。

回眸之间，沧海桑田，不胜唏嘘。

600 多年来，廒上村因河而生，因河而兴，如沂河一般，绵延不绝，生生不息。

3. 曹妃甸

20 世纪 70 年代末，随着双龙河新河道的开挖，嘴东渔港应运而生。

由于各项条件更加利好，廒上渔民纷纷从老南堡渔港转移至新渔港。嘴东一带，随之热闹起来。

“热闹”是相对的，只是相对于从前。

别看如今嘴东渔港已是国家级中心渔港、河北省最大的中心渔港，也是滦南县南堡镇 1 万多名渔民的主要聚集区，但在当时不仅人没有这么多，船只亦原始简陋。

那个年代，人们出海，多靠摇橹的帆船，下海人习惯地扬臂将缆绳抛出，升起船帆，拉起铁锚，慢慢地驶离码头。

昔日的“沙垒田岛”曹妃甸岛

嘴东渔港同曹妃甸小岛隔海相望，岛屿四周便是廒上人的渔获区。

曹妃甸，又名沙垒甸，位于滦河三角洲西面最古老的区域，是古代渔家避风的一个小海岛，约形成于5500年前。

岛名从何而来？

据出生于滦南县柳赞镇蚕沙口渔村（现已归属曹妃甸区管辖）的中国通俗文学研究会会员、河北省作家协会会员朱永远先生多年考证：唐太宗东征高丽时，随军有一个叫曹娴的妃子，姿容秀丽，能歌善舞，而且擅长医道和赋诗作画；军旅中她陪伴太宗，深得宠爱；大军得胜班师，船行到滦州地界时，曹妃因风浪颠簸、一路劳顿而一病不起；一天，有人报前面有一个沙岛，太宗急命登岛扎营，让太医为她医治；怎奈曹妃病情日益严重，最终死在岛上；太宗大悲，离岛时命人在岛上建三层大殿，内塑曹妃像，命名曹妃殿；于是，这个岛因建有曹妃殿而得名曹妃甸。

在很多人的概念里，曹妃甸是渤海湾里一个不足4平方公里的小岛。但它却有唐王东征、两宋贸易、元朝海运等历史文化。

曹妃甸前缘，波涛万顷，航道通畅，直通黄海而无阻。天然航道深 27 米，最深达 36 米，是历代海运、南粮北调出东海、经黄海、入渤海、进京畿的必经之地。

冀东滦州一带，海运历史源远流长。据史书《读史方舆纪要》记载："海运自秦已有之，而唐人亦转东吴粳稻以给幽燕。"

北宋时，江浙商贾纷纷驶船载两广江浙产粳稻、竹纸、丝绸、杂品航海北上幽燕。曹妃甸是南船北上的必经之地。

元代，元世祖忽必烈下诏疏浚滦河，大开海运。曹妃甸因居海道要冲之地，而且与当时蜚声海客的蚕沙口村遥相呼应，更使其得天独厚。曹妃甸至蚕沙口水运一线，船只往来不绝，成为古代海运连接漕运原始的海港津渡。

曹妃甸四周汪洋一片，惊涛骇浪，然而岛上却无灯塔，船工不幸每遇海难而夭亡。民谚有云："英雄和好汉，难过曹妃甸。"

及至清光绪年间，有一个叫法本的和尚游方于此，目睹苍生艰难，遂发下宏愿，欲竖灯塔以指海道。他听说道台衙门有水晶灯盏，为世间奇物，决心去化此灯用以导航。道台吝啬，法本绝食三天苦化未得。法本乃以香油浸棉缠指，燃指化缘，方得以赠。后又四处募捐，终于建成六丈灯塔，遂使茫茫海上，航灯豁明。

光绪迄今百余年间，灯塔几度兴建、数易其址，白日以指航标，星夜以明水路。

据史料记载，1895 年、1900 年曾有两次强风暴袭淹曹妃甸，岛上殿庙、渔铺被淹冲大部，日渐衰凉。

旧《滦县志》载，民国二十五年（1936 年），"曹妃甸，时被潮水所漫，庙宇倾圮，灯塔亦毁"。

自此，古存殿堂、庙宇荡然无存，迄今未得重建。

但为导船舶夜航所需，庙宇、灯塔水淹倾圮后，即有当时"太古、怡和、招商三轮船公司遣人到此架木燃灯，以备轮舶夜间行船之标准”。

数番天灾人祸，甸上灯塔几毁几修，尽管时局艰辛，航灯却长明不灭。

灯塔似曹妃甸的眼睛，似渔民的守护神，照看着渤海湾这盘大棋。

再发散一下思维、放飞一下想象：如果渤海湾像一个棋盘，那么曹妃甸就是棋盘上一枚最给力的棋子，而嘴东渔港呢，无疑是“执子之手”！

“手”的主人，正是廒上渔民！

遗憾的是，这盘棋，这枚棋子，这个下棋的人，在当时的历史局限下，仍然因循守旧，没有全盘眼光，甚至犹犹豫豫、举棋不定……

时代在呼唤落子无悔的来者！

4．船老大

1986 年初春的一天，晨曦中，渤海湾畔的泝河码头驶出 6 条渔船，浩浩荡荡，一路驶向曹妃甸岛。

在首船船尾简陋的驾驶室里，一位 40 来岁的船老大掌着舵把子，聚精会神地望着前方。

他叫孟庆来，22 岁加入中国共产党，从人民公社生产队指导员干起，一直到联产承包生产队的渔船，和老少爷儿们一道，风里浪里，追潮赶海，置网捕鱼，努力改变着家乡贫穷的命运。

如今，他又被推举为船队队长，开始一年一度的海上捕鱼“春汛”了。

孟庆来的身边，站着一位青涩而坚毅的少年，那是他刚满 16 岁

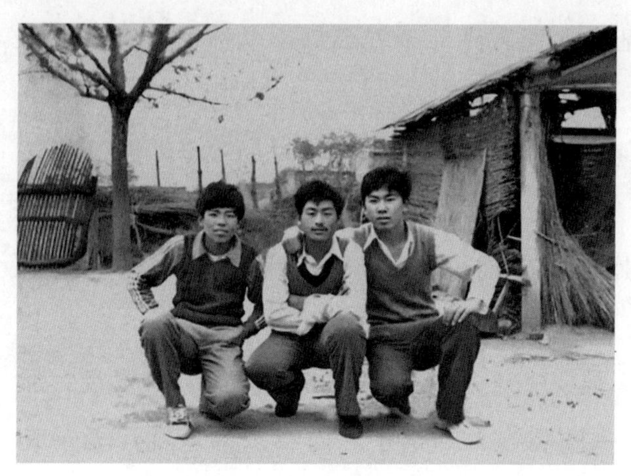
少年时的孟凡帝（右一）和弟弟孟凡江（左一）

的儿子孟凡帝。

出生于1970年的孟凡帝，乃家中长子，因为缺劳力、船上人手不够，再加上母亲体弱多病，便怀着一颗恋恋不舍的心，早早地从杨岭中学退学了。

尽管刚离开校园，但海边长大的他，对出海并不陌生。

遥想儿时第一次登船，自浒河边，入渤海湾，年幼的他站立船头，望着汪洋大海，内心既恐惧又兴奋。

一叶小舟，两三个人，短则几天，长则月余，恐惧渐渐消失，兴奋转为无聊，流浪的喜悦很快变成回家的渴望……

如今这个少年，想起同龄人正在窗明几净的教室里书声琅琅，一种说不清道不明的愁绪暗暗滋生。

那时候，电视连续剧《西游记》正在热播，他和小伙伴们对着14英寸的黑白电视机，看得如痴如醉：东胜神洲傲来国有一花果山，山顶一石，产下一猴；石猴求师学艺，得名孙悟空，学会七十二般变化，一个筋斗云可行十万八千里，自称“美猴王”；他盗得定海神针，化作如意金箍棒，又去阴曹地府，把猴属名字从生死簿上勾销；玉帝两次招安均以失败告终，无奈之下，请来佛祖如来，才把孙悟空压在五行山下……

每看完一集，他都不忍离去，还要把片尾曲《敢问路在何方》

认真地听完。孙悟空那种乐观豪迈、百折不挠的斗争精神，深深影响了他。

此刻，望着苍茫的大海，他又情不自禁地唱起了那首歌：

你挑着担，我牵着马。
迎来日出，送走晚霞。
踏平坎坷成大道，
斗罢艰险又出发，又出发。
啦啦啦啦啦啦啦啦啦啦，
一番番春秋冬夏，
一场场酸甜苦辣。
敢问路在何方？路在脚下。

你挑着担，我牵着马。
翻山涉水，两肩霜花。
风云雷电任叱咤，
一路豪歌向天涯，向天涯。
啦啦啦啦啦啦啦啦啦啦，
一番番春秋冬夏，
一场场酸甜苦辣。
敢问路在何方？路在脚下。
敢问路在何方？路在脚下！

尤其是最后两句——“敢问路在何方？路在脚下”，唱得他情绪激动、眼含热泪。

四周哗哗的海浪声，仿佛在为他鼓掌，又仿佛在为他哭泣。

曹妃甸，这座沧海桑田演绎出的小沙岛，历经苍苍茫茫、浑浑浊浊的岁月更替，携着祖祖辈辈美丽的憧憬，眺望着辽阔的冀东滨海大平原，即将成为他的舞台！

5. 幻灭

孟凡帝初登曹妃甸，心却凉了。

放眼望去：巴掌大的小岛，被茫茫大海包围着，除了几座小沙丘外，唯一的建筑物就是那座锈迹斑驳的灯塔；岛上绿色稀疏，常年海浪和海风陪伴，到处是无尽的荒凉和孤寂。

这哪里是心中想象的如诗如画的小岛？

这哪里是父亲给他讲述的神奇的地方？

瞬间，一切美好都淹没在苦涩的海水中，似乎永沉海底、永无出头之日……

天阴沉沉的，他和父辈们在高处用铁锹挖了两个地窝子，用竹竿和油布在地窝子的上面搭起了两间简易窝棚，地面铺了简易木板，木板上垫一层稻草，生火做饭，囫囵睡下。

夜晚，此起彼伏的海浪声吵得人难以安眠，潮湿的“木板床”让断断续续的梦境长出了蘑菇和木耳。

孟凡帝几次醒来，除了屋棚外灯塔上的依稀闪光外，看不到任何光亮。

听父亲说，晴朗的夜晚从这里能看到天津塘沽码头的灯火，或是通过曹妃甸南侧货轮航道上来往的轮船灯光。

而如今，哪有一星半点儿？

那一夜，多亏父亲在他身边；若非，野外荒无人烟探险式的生活多么可怕啊。

从此，孟凡帝跟着父亲，就在这里开启了新的生活：每天追着大海的潮汐涨落撒网、收网，然后向岸上源源不断地送去渔获物；高兴伴着失望，疲惫夹着枯燥。

几个月下来，他深深体味到了渔民的艰辛。

天当被水当床，风里来浪里往，置生死度外，渔获虽多，但因距离陆地远、运输不便，下海一般又是春、夏、秋季节，气温高，没有冷藏设备，很容易腐烂，极难卖个好价钱；有时忙起来，甚至连肚子也填不饱……

精神娱乐呢，就是闲暇时坐在船头，遥看日出，目送日落，翻来覆去地讲那些老掉牙的曹妃及妈祖故事。

这里虽说是“宝地”，但绝不是渔民的“天堂”！

大海实在是苦海啊！

苦海无边，回头是岸！

隐隐约约中，他突然产生了一定要想办法逃离的念头。

可是，文弱少年，身无分文，他想逃到哪里又能逃到哪里呢？

祖辈的命运，残酷的现实，好似如来佛祖的手掌心，时刻都能反转倾覆，将他压在沉重的五行山下。

何况，他还没有孙猴子的百般本领。

偶尔，枯坐船头，手搭凉棚，遥望远方，不知道那里有什么，仿佛有寺庙里的观音菩萨，又仿佛有白马上的取经人……

6. 陌生人

初冬某日，临近中午，大潮方退，曹妃甸北侧的泻湖区露出宽阔的浅滩，踩在上面又松又软，仿佛云朵一般。而远处无边无际的大海，则像头顶蓝蓝的天空。

渔民们收工归来，正准备吃午饭，突然，小岛北侧随着腾起的水柱，传来一声震耳的炮响。

孟凡帝惊得碗筷几乎掉落，赶忙循声去看，随着炮声消失，落潮后的滩涂上多出了几个陌生的身影。他们有的在收电线，有的扛着测绘用的标尺、抬着各种各样的仪器，那样子仿佛在测量勘探。

他不解地问父亲："爸，那是干啥的？"

孟庆来漫不经心地回答："去年就来过一拨人到甸上搞测量，说是要在这里建设停靠大货轮的码头，还说海底有石油，具体也不清楚他们是弄啥的。别瞎打听了，那是别人的事，咱好好下海打鱼就是了，赶紧吃饭吧！"

孟凡帝"哦"了一声，再不说话。

但，那惊雷般的响声、腾起的水柱以及在海滩上忙碌的陌生人，给他留下了深刻的印象。

以后的日子里，有一个疑问始终萦绕在他的脑海，挥之不去：这里真的要建设大港？这里真的有大油田？

他记得在中学地理书上曾学过，附近的天津有大港口，秦皇岛有大港口；东北有大庆油田，山东有胜利油田。

而家乡一带呢，似乎除了大海，什么也没有。

这也是祖祖辈辈总是受穷的原因。

如果真如老爸所说那样，有了大港和资源，经济发展未来可期，明天该有多好啊。

小小的渔家少年哪里会知道，正是从这一年起，曹妃甸的开发伴着改革开放的春潮一浪高过一浪，逐渐撩去层层神秘面纱，闯入人们的视野。

他更想不到，若干年后，自己将在这大潮中乘风破浪，一展身手。

乾坤未定，你我皆是黑马；混沌初开，人神俱落红尘！

风雨雷电，云蒸霞蔚，潮落潮涨，花谢花开，一切都在成长，一切都在争鸣，一切皆有可能……

7. 走吧

那些肩背人扛各种仪器的陌生人来了一拨又一拨，建设大港的消息传得神乎其神，却如“海市蜃楼”，有影无踪，遥遥无期。

转眼到了1990年的秋天，孟凡帝已下海3年多了，小渔船也鸟枪换炮，改成大型机械渔船。

他们也不再夜宿曹妃甸，在嘴东有了自己的简易草房。

每天收网后，回到已初具规模的嘴东渔港码头。港湾内，从傍晚到次日清晨，桅樯如林、机器轰鸣，风帆船和机器船相互交错，绘就成一幅古老与现代交融的图景。

昔日少年，长大成人，冒出胡须，留起长发。

这一年，弟弟孟凡江也终止学业，来到了船上，重复起父亲和哥哥的命运。

孟凡帝见弟弟不愿上学，私下里不知劝了多少次。

少年时的孟凡江在小木船上捕捞海蜇

“你看看那些念大书（上大学）的人多厉害，

要比咱们这些下海人不知强多少呢！不上学半点儿希望都没有！船上有爸和我呢，你还小，赶紧回去上学吧！”

倔强的弟弟低着头，不敢看他，却也丝毫不为所动。

没有办法，孟凡江依然跟着他们，每天出海、撒网、收网、回港。

每次回港，孟凡帝看到弟弟满脸满身的污泥，心中就会陡然升起一种愤怒和无奈。

有时，他真恨不得揍他一顿，可是强扭的瓜能甜吗？

自己做梦都想离开这里，弟弟却还偏要往苦海里跳！

临近立冬，强劲的西北风提前刮了过来，父亲带着哥俩把船推上岸，收拾好网具，感叹道：“真没遇到过这样糟透的年头！”

结清了修船和柴油钱后，爷仨搭上村里的一辆手扶拖拉机罢海回家了。掐指一算，辛苦一年不说，竟然还背负了两万元债务！

要知道，当时渔民年均收入还不足千元，两万元可是天文数字！

归途中，西北风裹着沙粒呼啸而来，打在脸上疼痛难忍。看着满脸沧桑、神情疲惫的父亲，孟凡帝内心忧虑重重。

第二年，雨水节气过后，按照冀东沿海渔民的习俗，该“推船”了。

推船，乃当地方言，意思是随着天气逐渐转暖，又到了出海的季节。

这次，孟凡帝没有像往常一样和父亲、弟弟一起回到船上。他唱着那首《敢问路在何方》，决定转行了。

在这之前，他遭到家人和亲友的百般阻挠。

但他态度坚决，千方百计筹措资金，购置机械设备，组建起一支机械化工程施工队伍，为后来创建唐山方舟实业有限公司奠定了基础，积累了经验。

其坚若磐石，一如弟弟孟凡江退学上船。

亲友的苦口婆心，一如自己劝弟弟上学。

想到这，不禁令人哑然失笑。

然而，他是经过深思熟虑的，即便以后遇到再大的困难，也不会怨天尤人，更不会后悔。

从此，孟凡帝带领施工团队，闯县城、进唐山、走沿海，修公路、建虾池、筑堤坝，开启了艰苦而又充满希望的创业之旅。

8. 再遇陌生人

1993 年 10 月 26 日，喧嚣的嘴东渔港来了 20 多个陌生人。

他们开着那年代时尚的汽车，停靠在码头上，卸下各种物资后，便和几位船老大商量，要载这些物资和人员出海去曹妃甸岛。

当时，正是海水捕捞生产的大忙季节。他们走访了几条渔船，均被告知没有空闲。

那些日子，已不出海打鱼的孟凡帝，正带着他的团队在唐海县十里海养殖场的养虾池清淤，抽空到嘴东码头看望父亲。

这天，他恰巧在场，便好奇地走上前，与陌生人搭讪起来。

对方说他们是首钢的，要去曹妃甸岛上搞勘探、测量，可惜无船成行。

听口音，他们都是外地人，对这里都不熟悉。

孟凡帝主动说："我带你们找找吧，现在渔民正忙，真的都没时间。"

于是，便带他们来到父亲的网铺上。

道明来由，孟庆来二话没说，连连答应："我看看，我看看，能行，能行。”

因为他是船队队长，管理着20多条渔船，知道码头上谁刚刚回来。

不一会儿，渔船就搞定了。他又和船长一起帮忙装运物资，很快就把首钢考察队送上了曹妃甸岛。

天有不测风云。

在首钢人上岛的第三天，渤海湾发生了30年未遇的大风暴潮。

一夜之间，海风呼啸，潮水直逼岛上。考察队搭建的帐篷和板房全被刮坏、冲跑了，设备也悉数淹没。

众人赶紧往高地跑，但水势很大很猛，原本用钢丝绳拴牢的、每桶重达100多公斤的十几个柴油桶，在大潮下也瞬间没了踪影……

考察队员惊恐万状，不住地通过电台向北京首钢总部、迁安矿山公司、嘴东办事处联系求救。

情况危急，嘴东办事处想雇用一条大渔船营救，跟老乡们讲，三千五千元都行，只要能赶快把人救回来。

浪高风急，谁敢出海?!

关键时刻，孟凡帝又出现了。

他找到同村的船老大，带领3名船工，冒着船沉人亡的巨大风险，历经千辛万苦，终于完成了任务。

首钢人欲酬谢，他们却连连摆手：“不要钱，说钱就远了……”

也就是从那时起，孟凡帝得知，为解决国有特大型钢铁企业矿石原料海外购入及钢材出口外销问题，首钢决策层正筹划在曹妃甸建设运送矿石的30万吨级大码头，并拟以滦南县“南堡”为谐音，取名为“蓝宝港”。

孟凡帝第一次意识到：这是真的！

9. 彩虹门

1996年的11月初，曹妃甸岛上矗立起一座巨大的彩虹门。

彩虹门面向东方，背靠曹妃甸灯塔。远远望去，拱形门浓艳的红色与一望无际的湛蓝色海水交相辉映，蔚为壮观。

这是唐山市委、市政府为迎接中石化领导一行考察曹妃甸，指示滦南县委、县政府组织搭建的演出舞台，准备将生于斯、长于斯的原生态评剧和大鼓书展示给远道而来的客人，意欲“文化搭台，经济唱戏”。

11月17日一大早，海面上微波粼粼、薄雾缭绕、寒气袭人。嘴东渔港出海口驶出一条渔船，上面坐着十来个身穿军大衣的人，渔船后面还带着一条小型冲锋舟，匀速向曹妃甸岛挺进。

中石化总经理盛华仁坐在渔船驾驶室一侧。此时，中石化与中石油刚刚分成两家公司，他带领公司常务副总经理李毅中、副总经理黄春萼等中石化考察团成员，第一次赴曹妃甸，就建设深水石油码头进行实地考察。

唐山市委书记、市长，市计委主任王贺波、副主任薛渤珣，京唐港务局局长田秀岐、滦南县委书记史东升等坐在盛华仁、李毅中、黄春萼旁边。双方不时就曹妃甸的未来定位与开发有问有答，偶尔穿插几句曹妃甸岛上的历史故事。

为了促成这次中石化老总的成行，唐山市可真下了一番苦功夫，尤其是市计委主任王贺波、副主任薛渤珣等，几年下来，他们的车轮在唐山到北京的路上不知碾过多少沥青路面，他们的双脚不知走过多少青石板，他们的身体不知历经过多少北国的风霜雨雪，磨破嘴皮、跑烂鞋底，宣传推介、再三邀请……

上午9点来钟，薄雾散去。一块块乌云遮住了太阳的光芒，温度似乎冷却不少。海风吹来，海面上卷起滚滚波涛。

随着风浪起伏，行驶的渔船上下颠簸起来，看着海面上涌起的浪花，站立不稳的盛华仁问市长："曹妃甸岛在哪里？还有多远？"

市长虽然登过几次小岛，但在茫茫大海上，对具体坐标定位掌握得还不够精确。他站在驾驶室旁，扶着舱门把手，左右张望，抬起右手指着前方海上停泊的一艘轮船上的灯标说："那就是，那就是岛上的灯塔。"

盛华仁点点头。

其实，他不知道，市长所指的并不是曹妃甸灯塔，而是过往轮船上的航标灯装置。市长呢，或许是担心中石化领导们因为风大浪大、距离较远而打道回府，撒了一个善意的谎。

渔船继续向前航行，风浪越来越大。过了好久，曹妃甸岛上的灯塔才依稀可见，红红的彩虹门像一座小山包，浮现在海面上。

突然，只听发动机"啪啪"响了几声，渔船停了下来。

史东升马上问船长："怎么回事？船坏了？"

船长回答："这里是浅滩区，船搁浅住了！"

史东升看着船四周涌起的海浪说："这里咋还搁浅了？"

船长说："别看海浪大，这是因为风大，水的深度并不够。"

史东升急切地问："那怎么办？"

船长赶紧回答："用冲锋舟上岛，看看行不。"

随后，船长跳上后面的冲锋舟，准备把船上的领导们接过去，送到岛上。但是，汽油机虽然吼起来了，螺旋桨在原地打起转转，冲锋舟就是走不动。他猛然意识到，浅滩处水太浅，连冲锋舟行驶的深度也满足不了。

市、县领导们无奈地看着渔船和冲锋舟，心底万般着急：这次考察是好不容易求来的，万一告吹，一切前功尽弃。

史东升不住地问船长：“想想，还有什么办法可以登岛?”

船长被问得越来越急躁，手足无措，满眼茫然，差点儿就要哭出声了。

市长看到盛华仁有要回去的迹象，马上用右手捅了一下身旁的薛渤珣，并用犀利的眼光示意一下，意思是让他快想个办法!

薛渤珣时年四十出头，反应机敏，办事果断。他从船头向驾驶室走来，挥动双手高声说：“大家别着急，也别害怕，滦南的精彩评剧还在曹妃甸岛上等着咱们呢!”

随后，他走到盛华仁跟前说：“盛总，现在船也回不去了，必须得等涨上潮来才行，咱们再想别的办法上岛。有的是办法。”

薛渤珣转过身子，问了一下船长当前的水深情况后，便甩去身上的军大衣，脱掉雨靴，卷起裤腿，走到盛华仁面前，弯下腰说：“盛总，没事，我来背您上岛。船行驶不了，但人能‘行驶’。”

盛华仁不好意思地连连摆手，“我也可以蹚水登岛。”

薛渤珣赶忙说：“我大兵出身，还有把子力气，我背着您没事。您年龄大了，海水太冰冷，来吧。”

于是，不由分说地岔开双腿，弯下腰，双手伸向盛华仁腿的两侧，用力搂紧盛华仁。随即，进入没膝深的水中，向岛上慢慢走去。

一旁的田秀岐看到此景，高声说：“东升、广汉，咱们都是海边的，还等啥!”

说着，纷纷脱去军大衣，卷起裤腿，背起中石化的其他领导们下船。

顿时，船舱盖上堆起高高的军大衣，仿佛刚刚捞起的渔获。

先前登岛的滦南县评剧团的演职员们看到海上走来一队人背人的队伍，不知所措地纷纷跑过来。

虽说天气寒冷，又蹚着冰凉彻骨的海水，走在前面的薛渤珣，额头上却浸着颗颗汗珠，喘着粗气，说不上话来。

人们接过盛华仁，扶着他双脚踏上曹妃甸岛的沙滩。

此时的盛华仁，怎么不感动。他感叹道："唐山人，真是了不起。这样真诚的心，哪能不打动人?！还有什么项目引不进来?！"

此时，风更大了，海浪声响彻小岛四周。他们不顾寒冷，从灯塔下到每一座沙丘，深入考察了一遍，尤其是面对岛南侧辽阔无垠的大海时，更加兴致勃勃。

盛华仁听到曹妃甸天然深水良港的介绍时，不是双手拍掌就是伸出拇指，连连称奇！

临近中午，他们回到灯塔下，来到彩虹门的戏台前，一来是需等待潮水上涨渔船才能返航，二来准备欣赏评剧和大鼓书演唱并就地午餐。

盛华仁、李毅中等中石化领导和市、县领导们在前台落座。史东升上台致完欢迎辞后说道："千言万语，道不尽滦南人民的深情厚谊！下面还是请上我县著名评剧、大鼓艺术家们为大家登台献唱，尽表心意！"

掌声响起，锣声阵阵，鼓乐齐鸣。滦南县评剧团的翟进友首先登场，亮开浑厚、圆润的嗓音，一曲《金沙江畔》响彻碧海蓝天。

掌声、海浪声交相辉映，此起彼伏。

突然间，狂风骤起，高大的彩虹门瞬间被掀翻，携着几条红红的飘带倾倒在海边，灯塔下只剩下一块红色舞台。

众人惊恐之际，翟进友走上前台，捋了捋头发，定了定神，向音响师点头示意。音乐声，再次响起。

一场特殊的评剧、大鼓演唱会，再次开始。

……

10. 归去来兮

1995 年，孟凡帝被评为“滦南县首届十大杰出青年”。

这是他自从离开学校、走进社会后获得的第一个荣誉。那一年，他 24 岁。

第二年，他当选滦南县政协委员；随后，当选县政协常委。

……

随着 21 世纪钟声的敲响，经过前期大量的筹划、论证，曹妃甸大开发的前景越来越清晰明朗，建设蓝图正徐徐铺就。

凭着灵敏的市场嗅觉，孟凡帝回归了。

滦南县首届十大杰出青年合影留念，后排右五为孟凡帝

已近而立之年的他，虽然还很年轻，但历经风风雨雨的打拼，早已从当年那个青涩的渔家青年，蜕变成一名成熟干练的创业者。

创业者也有家，更有自己的家乡。

家乡是生他养他的地方，也是他走出去的地方。

为什么走出去，不正是因为贫穷吗?

穷则思变!

他多么渴望通过自己的努力，让昔日愚昧贫穷的家乡变得越来越富有、文明和美好啊!

那是一方旧天地，如今又成了他的新天地!

“归去来兮，田园将芜胡不归?”

归去来兮，大海弄潮必须归!

第二章 鏖战曹妃甸

1917 年至 1919 年，孙中山先生怀实业救国、振兴中华之志，考察了直隶沿海，在《建国方略》中呕心沥血地写出如下文字：“兹拟建筑不封冻之深水大港于直隶湾中……兹所计划之港，在大沽口、秦皇岛两地之中途，清河、滦河两口之间，沿大沽口秦皇岛间海岸岬角上……顾吾人之理想，将欲于有限时期中发达此港，使之与纽约等大。”

实事求是地讲，当时孙中山先生只是构想，并未详细勘察，更未明指，但其心目中的北方深水大港，应该包含着曹妃甸区域。

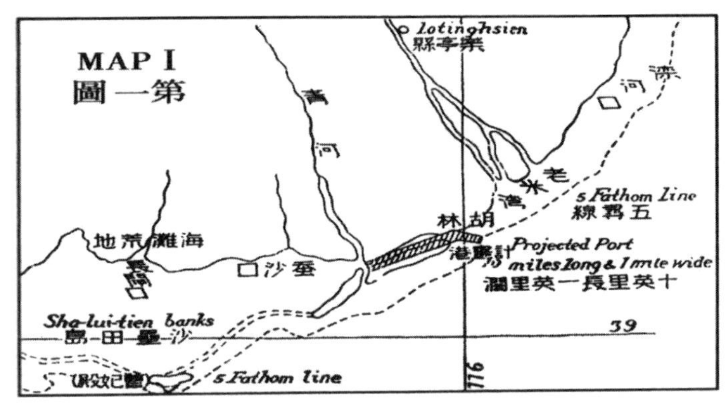

孙中山先生亲绘的北方大港区位示意图

可以说，这里寄托了一代伟人的蓝色强国梦。

大半个世纪后，条件慢慢成熟，梦想渐渐照进现实……

11. 通岛公路

当时的曹妃甸，只是渤海湾中的一座沙岛，水浅滩软，运送能力有限。无论是首钢等大型企业落户还是将来筹建港口，都需要把大量的人力和物资运送至岛上，陆路交通必不可少。

所以，开发曹妃甸的第一个工程，就是修建通岛公路。

现如今，当人们驾车行驶在唐山曹妃甸一号通岛公路上，一路向南行驶，掠过耀眼的纳潮河彩虹大桥，两侧壮观的建设场景令人赞叹不已！可又有谁知道，这条路上凝聚着多少人的智慧和心血、饱含着多少震撼人心的故事呢？

唐山广播电台原副台长、唐山广播电视学会秘书长、高级编辑吕庆书在2006年撰写的《留点羡慕给自己》一书中，在“风雨通岛路”章节中曾深情地回忆道：“远去的岁月，会淡化这条路的故事，来来往往到岛上的人们走过它，谁也不会更多地在意它，它会慢慢变成一条普通的路，但为了这条路付出过汗水和心血的人，觉得这条路是他们永远的珍爱，他们会永远把路的故事珍藏在心底。”

时任曹妃甸通岛公路建设指挥部工程技术部部长的王志勇每每读到这里，总是感慨万千、心潮澎湃。

从通岛公路的筹划到施工，他是这条路向海中延伸每一毫米的亲历者和见证者。

自20世纪90年代中期，当世人瞩目曹妃甸岛时，修筑一条从岸上到岛上的通岛公路便成为大家最早和最大的梦想。

为什么不造桥呢？

俗话说："金桥银路，钻石园林。"

经济承受能力不够，所以架桥方案告吹。

为什么不移山填海呢?

浩大工程量更是让人望而却步。

曹妃甸海域，波诡云谲，海沟纵横。千年冲积而成的广阔滩涂，几乎全呈流沙状，在长年累月的海潮冲击下形成一道坚硬沙层，若遇到外力，沙层又是"活的"，裸露吹填或挖掘筑起路基，随时都可能被海浪冲走。

一年又一年，一个方案接一个方案，均化作泡沫叶片，成为茶余饭后谈资。

通岛公路，这个曹妃甸开发建设的命门，把所有人逼到了死角，在死角里又打了一个死结。

进入到 21 世纪，向海心切的唐山人，怀着开发建设曹妃甸、紧紧抓住新世纪发展机遇的雄心，不再观望等待。

结合建设唐山京唐港的成功经验，大家一致认为 21 世纪将是海洋强国的新时代，曹妃甸大港建设势在必行!

2002 年，唐山市委、市政府做出决定：曹妃甸是唐山未来希望所在，是河北沿海发展崛起的新支点，必须举全市之力开发建设。首先成立通岛公路建设指挥部，力促尽快开工，为下一步获得国家审批打基础，并同时谋划"四大板块"（大港口、大钢铁、大石化、大电力）建设。

在河北省委、省政府的大力支持下，又积极对接首钢搬迁等项目，拟汇聚多方力量投资建设曹妃甸大港!

项目确定后，最早由交通部中交天津一航院设计，拟用唐山北部山区的石料由北向南往海里抛石修筑公路，工程总造价 3.4 亿元。

然而，河北省人民政府规定，如果该项目投资超过两亿元，不予审批。

于是，唐山市委、市政府再次决定，让中交上海航道局规划勘察设计院重新制订方案，进行比对，并邀请技术人员先期进行考察。

2002年初秋的一天，天还没亮，时任中交上航局规划勘察设计院总经理助理的方伟，带领4个人，跟随唐山市发改委主任薛渤珣、京唐港务局副局长兼通岛公路项目建设指挥部副总指挥邸哲敏以及指挥部工程技术部部长王志勇，从唐山直奔唐海县城。

到了唐海县城后，乘坐的轿车都换成了越野吉普车。方伟感觉纳闷，带着种种疑惑和唐山市通岛公路建设指挥部的领导们驱车直奔县城南。

大约行驶了20来公里，方伟才明白为啥换成越野吉普车：眼前根本没有路，到处是成片的虾池和芦苇荡，越野吉普车沿着池塘上面的堤坝路行驶，坑坑洼洼，泥泞不堪。且路宽只能容下一辆车，相对方向驶来的车辆根本不能交错。

经过一个多小时的剧烈颠簸，好不容易到达目的地。阵阵咸涩的海风扑面而来，仿佛到了一个原生态的荒野。成片的芦苇荡，草丛上密密麻麻的蚊蝇聚在一起，像一个个黑色的球团不停地在上面滚动着，大小不一的养殖池塘上看不到一个人影，连个简易窝棚也看不到。再远处就是滚着海浪的大海，找不到任何参照物。

方伟问薛渤珣："薛主任，通岛公路项目起点在哪里？"

薛渤珣一脸茫然地抬起右手，沉吟了一下，向前方一指说道："就是那儿！"方伟顺着他手指的方向左看右看，除了荒滩，就是大海！那天，他们没有带望远镜和地图，最后好不容易找到一座扬水站——那儿的地势比较高，他们站在上面看了看四周后返回唐山。

第二次考察，他们从唐山驱车直奔滦南县嘴东渔港，路要比唐海那边好很多。

到达码头后，租用了当地渔民的一条渔船，装备好各种物资。薛渤珣、邸哲敏、王志勇、李宏民以及上航局的工程技术人员一起登船，从嘴东渔港出发，驶向曹妃甸岛。

不到两个小时，他们就登岛了。

方伟看到，岛上唯一的建筑就是一座灯塔。四周除了茫茫大海外，一座座小沙丘起伏不平，荒凉又低矮，到处是黑褐色的沙土，或有点点芦苇，和他想象中的一座岩石岛大相径庭。来之前，他想查阅一下有关曹妃甸岛的资料，除了一些无从查考的历史传说外，其他资料少之又少。

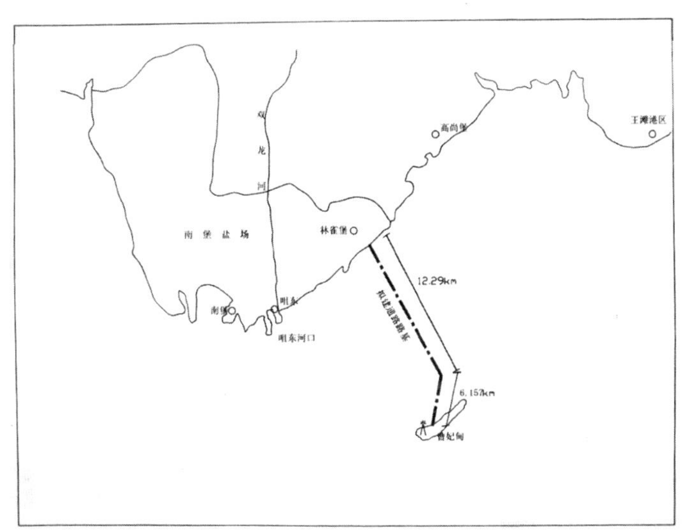

曹妃甸通路路基工程总平面示意图

条件艰苦，皱眉咬牙！

看到曹妃甸岛的现状，方伟建议去江苏省大丰县，实地考察由上航局勘察设计规划院利用“袋装砂”工艺设计施工的大丰滨海大堤成功案例。

当时已临近2003年的新年，天寒地冻。时任唐山市委书记带领市领导以及通岛公路建设指挥部总指挥杨振义，副总指挥薛渤珣、邸哲敏等与中交上航局规划设计勘察院人员一同赶赴江苏省大丰县。

多年后，中交上航局规划设计勘察院原副总经理方伟仍清楚地记得陪同唐山市决策者们在大丰的情景：

> 那天天气非常寒冷，阴沉的天空还下着冻雨，大家不顾劳累，顶风冒雨，细致地考察了整整一天。已是傍晚时分，好不容易在县城找到了一家小旅馆住下，房间里没有暖气，也很简陋。就是在那样的小旅馆里，我们吃过晚饭后，又聚在一起谈各自一天的感受，共同讨论方案是否可行，一直到11点来钟才休息，夜里只能靠电热毯取暖。第二天，天还没大亮，我们就和唐山市的领导们匆匆启程返回唐山。回来后，经过多次论证研判，最后唐山市委、市政府决定利用“袋装砂”工艺修筑曹妃甸通岛公路。

中国报告文学学会副会长、河北省作协副主席李春雷与

当年曹妃甸通岛公路建设指挥部部分人员合影

左起：孟凡帝、李宏民、彭永佳、李春雷、李广青、解占强

大丰海域状况和曹妃甸海况相似。曹妃甸海域具备底址沙源丰富、采掘方便、利于吹填的优势，成本会大大降低，工程进度也会更快。

最终，上航局采用大丰修筑海堤项目的成功案例，为唐山市通岛公路建设指挥部提供了“袋装砂”式吹填路基的方案。

通岛公路设计全长 18.447 公里，双向 4 车道，路基宽 19 米，路基全部为吸沙吹填造堤，防浪设计标准采用 50 年一遇。全程分成三个标段，项目总承包是中交上海航道局。

其中零公里至六公里标段，由江苏启东水利工程公司施工，项目经理李建飞；六公里至十一公里标段，由浙江广宇公司施工，项目经理王军华；十一公里至十八公里标段，由江苏省南通海洋工程公司施工，项目经理周成。

时任河北省委书记白克明宣布曹妃甸通岛公路开工

唐山方舟实业有限公司海上运输船队18条运输驳船进行物料运输，船队队长周世珠。

广东省东莞市东江疏浚工程有限公司两条小型绞吸船负责通岛公路路基“堤芯砂”吹填，项目部经理郭立凡。

十八公里处至灯塔的临时公路2.2公里，由唐山交通局工程公司施工，项目经理韩龙军。方舟实业有限公司杨义志、杨国良驻岛为其协调海上物料运输。

这样，工程造价由原来的3.4亿元下降到1.77亿元，节约资金近一半！

历经10年调研、勘测、论证，终于尘埃落定。

12. 热火朝天

2003年初春，正值嫩芽破土之际，时任河北省委书记白克明宣布：“曹妃甸通岛公路开工！”

冀东大地，渤海湾畔，人头攒动，斗志昂扬！

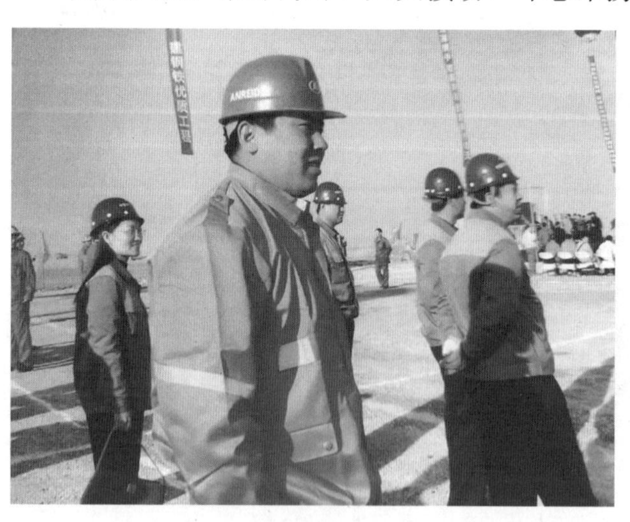

孟凡帝参加曹妃甸通岛公路开工仪式

曹妃甸岛与陆地隔海遥遥相望。岸边，旌旗猎猎；海面，船帆点点；岛上，工棚林立。上海航道局、天津航道局和南通海洋、浙江广宇、唐山方舟、东莞东江等多家企业云集于此。千余名来自安徽、河南、河北、江苏、山东等省的民工汇聚于海陆，500 多台（套）机械、车辆及船只齐聚于渤海湾畔。

大军临阵，攻坚在即！

沉寂千年的曹妃甸万顷泻湖区，腾起条条淡黑色沙龙。海面上，各类船只载着物资、石料来回穿梭；载重汽车慢慢地沿着伸向大海的泥泞路，倾泻着石料；挖掘机挥动着长长的机械臂，不停地扭动……

渤海湾畔，长长的通岛公路从岛上向陆地，从陆地向岛上，从中间向两侧同时推进。

不少人眼中噙满泪水。那是激动的泪水，更是期盼的泪水。大家在庆幸：这片古老而又年轻的土地，终于开始了一个全新的时代！

当时，通岛公路工程同时全部开工。民工们住在用绿帆布搭起的简易工棚里，所需物资全部从几十里之外的唐海县城用车先运到嘴东渔港，再用渔船运到岛上或其他工地。

当时，在曹妃甸岛做港口地质勘查的中交第二航务工程勘察设计院有限公司项目经理万仁凯，在日记里这样描述：

> 为了工作方便，加上钻探船住不下 20 多号人，大家就在沙岛上自己动手搭建起一个简易油布帐篷，所有人员住在里面，买菜、买水和购买其他物品要到

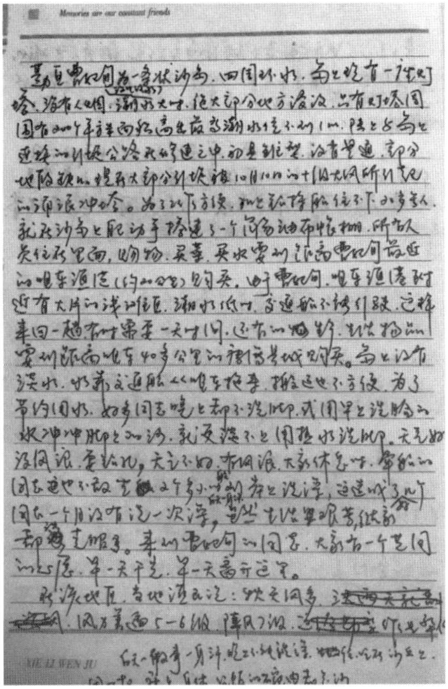
Memories are our constant friends

万仁凯当年记录的日记

距离曹妃甸最近的渔港嘴东渔港（约20公里）购买。由于曹妃甸及嘴东渔港附近有大片的浅滩区，潮水低时，交通船不能行驶，这样来回一趟需要一天时间。有的生产、生活物资甚至要到距离嘴东40多公里的唐海县城购买。岛上没有淡水，淡水要靠交通船从嘴东拖来。搬运也不方便。为了节约用水，好多同志晚上不洗脚，或用早上的洗脸水冲一下脚上的沙；更谈不上用热水洗脚。天气好、没风浪时要钻孔；天气不好、有风浪时，大家休息，要坐两个多小时的船到岸上洗澡。虽然生活艰苦，大家都得克服。来到曹妃甸的同志有一个共同的心愿：早一天干完，早一天离开这里。

沧海挡不住人们的脚步。民工们在工地上来来去去小跑，人人脚下像踩着风火轮，谁也不愿耽搁半分钟。

工地上加班加点是常事儿，谁也没有半点儿怨言。每天都订计划，每天都算进度，每天都立责任状。

机器声、号子声响彻海边，几乎掩盖了滚滚波涛。

一位老渔民是当时参与建设的人员。他说任务太紧了，为赶工期，不知谁出主意找来几只喇叭和一些鞭炮，一天到晚不断地响，像战场上的枪声，让人时刻憋足了劲。很多人晚上也不回去，累了就在一旁的简易帐篷里裹着大衣

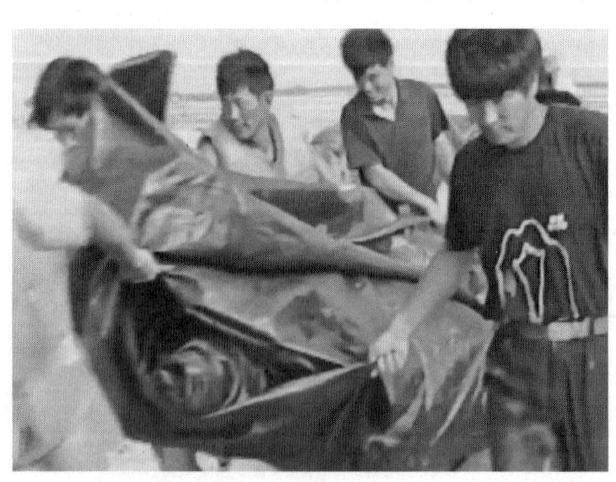

奋战中的修路民工们

睡一会儿。不久，人都熬瘦了，整天昏昏沉沉，只知道机械地干活儿。实在熬不住，干着干着就睡着了，结果被班长喊醒，警告别偷懒，那人正想分辩几句，没想到班长打着哈欠，头一歪，靠着帐篷，也睡着了。

有一天，突然下起了冰雹，来不及回帐篷，空旷的工地上又没有躲避的地方，大家不知所措。这时候，一位班长大喊："冰雹很快就会过去，大家忍一忍，学我这样。"

说着，他双手抱头，蹲了下去。

数百人只得学着班长的样子，双手抱头，蜷缩在一起，任凭密密的冰雹粒猛砸。

几分钟过后，冰雹停了，大家相互看去，冰水淋湿的躯体颤抖不止。

这时候，鞭炮又脆响起来，喇叭又鼓噪起来，民工们站起来，拿起工具，继续干活儿。

转眼间，工地上又恢复了刚才的热火朝天……

喇叭声声，鞭炮阵阵，车轮滚滚，白天一片人，夜里处处灯，热气蒸天，星月失色。

战斗在2003年春天里工地上的汉子们，为了这条神圣的通岛公路，他们真是在与时间赛跑啊！

工程越到后期难度越大，但人们追赶工程进度的激情不减，因为时间像鞭子一样抽在他们的心上。

曹妃甸海域不再只有灯塔上唯一闪烁的那盏灯。入夜，这里变成了彻夜不息的灯光海洋。喧嚣轰鸣的机器声，昼夜回荡在大海上……

13．“我回来了！”

在无数热情而疲惫的身影中，年轻的孟凡帝亦是其中之一。

2003年农历二月初。北方大地，春寒料峭，渤海湾的冰排还在一层层地堆起来，阻挡着渔民的出海渔船。

孟凡帝却已带着他的方舟团队，沿着潮涨潮落冲刷出来的海冰缝隙，开赴曹妃甸岛。

迎着凛冽的寒风，站在铁驳船头，看着眼前熟悉而陌生的小岛，他高喊道：“我回来了！”

距离他跟父亲第一次来到小岛，已经过去整整17个年头了。那时候是为了讨生活，而今却是带领团队干一场前人从未干过的事业。虽然天寒地冻，甸头四周的海水中还不时漂来块块浮冰，但此时的他却是热血沸腾。

他弯腰跳下船，和兄弟们一起登岛参战，投入轰轰烈烈的建设大军之中。

他们在岛上驻扎下来，承担起通岛公路石料运输任务，并为项目做后勤物资保障运输服务。

17年后孟凡帝乘船再次登上曹妃甸岛

唐山市交通局工程公司提供了8间板房，既是他们的住处，也是办公地。

记得登岛

首日，孟凡帝和方舟公司曹妃甸项目部副总杨义志带领职工卸下船上的物资后，已临近中午。

正准备吃午饭时，杨义志扛来一根 4 米长的松木杆子，小心翼翼地挂上了一面五星红旗。

他们又共同挖出一个深坑，结结实实地埋上木杆，在曹妃甸岛升起了有史以来的第一面国旗。

望着迎风飘扬的五星红旗，杨义志对大家说道："这就是咱们今后来去的标志，出海回来了你们就奔着国旗来，在工地上也同样，这就是咱们的方向和目标。"

那天，登岛的 10 人中，杨义志是唯一的共产党员，也是孟凡帝创办的方舟公司的党建负责人。

唐山方舟实业有限公司曹妃甸项目部办公和居住的简易住房

14. 阳光下的梦

岛上的日子苦涩难耐，最难的是没有淡水。

传说中的“古井甘泉”淡水井，不知什么原因，不知从何时起，早已消失在大海深处。

到岛上后，杨义志他们只能依靠船只从陆地上运水，若遇到坏天气，几天都不能登岛，守着大海的曹妃甸竟到了“淡水贵如油”的窘地。

所有人劳作一天下来，满脸沙土，浑身汗臭，只能在海岸边洗上一把，映着夕阳余晖，黝黑的脸上泛起一层白白的盐花，感觉里充斥着湿涩。

大海的海水是苦涩的。

岛上有一眼首钢人进行水资源勘探时留下的水井，但经过化验，里面含有甲烷气体，不能直接饮用。

有时做饭，饮用水用光了，只好抽取那井水沉淀一下再使用，做出的米饭不仅有一股浓浓的柴油味儿，还混杂着某种说不出的味道。

但是，忙累一天下来，口干渴，肚饥饿，也必须面对现实，闭着眼，强行咽下那一口口补充生命能量的吃食。

七月，流火。

骄阳炙烤着小岛和通岛公路断断续续已完成的路段，远远望去，海面如大蒸笼一般热浪滚滚。风是热的，水是热的，岛是热的。

夏季的曹妃甸，真是一座“炼狱”。

杨国良，一位 30 多岁的小伙子，方舟公司职工，来自廒上村。

下过几年海的他，深知烈日毒辣。

方舟石料运输、路基沙袋吹填的各种施工船舶及

设备齐聚在通岛公路海上施工现场

在工地上，他每天头戴安全帽，脖子上缠一条湿毛巾，身上除了穿工作服外，还加了一层绒布衫，足蹬高靿胶靴，仿佛不是在避暑，而是在防寒。

有人不解地问："天这么热，咋还穿这么多?"

他笑呵呵回答："这样晒不透。"

海边生活过的人都知道，若热天全身暴露，皮肤再厚的人都会被烤掉几层，疼痛难忍。

但是，如果穿厚衣服呢，汗水流个不停，湿湿的，黏黏的，臭臭的，好似刚淋过雨，又像才下过河。

纵然内心矛盾，也只能"两害相权从其轻"。

与杨国良一同干活儿的张相林等 5 位工友，虽然也是滦南人，但都没下过海，不知道在海上生活、作业的情形，只是从电视上看到过风景秀丽、游人如织的海滨避暑胜地。

来之前，他们想当然地把曹妃甸理解成了三亚和北戴河一类的场景。

曹妃甸不也是大海边嘛，一定也有和煦的海风、温暖的阳光、软软的沙滩吧。

然而，目及之处令人大失所望。

家里太热，没想到曹妃甸更热。

他们负责指导挖掘机平整卸下的石料。一天下来，涤纶化纤布的工作服不知湿透了多少次，双脚闷得奇痒难受；脱掉鞋子吧，滚烫的沙子和石块又让人站不住脚。

张相林一脸茫然地说："老天爷想吃烤肉了吧！"

于是，他们不顾杨国良的劝说，纷纷脱掉外衣，只穿裤衩，贪图一时凉爽，将肉体暴露在骄阳中。

暮色降临，吃过晚饭洗过海水澡后，在没有淡水冲洗的情况下，只能躺在湿涩涩的床上。

半夜里纷纷醒来，脊背灼烧，胳膊疼痛，坐卧不宁。

灯光下，仔细端详，我的天，皮肤通红，大块臃肿，尤其脊背上和胳膊上的皮肤鼓起连片的大小不一的淡白色"肥皂泡"。

没有任何药物，只好端来一盆盆海水冲一冲、洗一洗。麻辣酸苦，五味俱全。

那感觉不是在用麻醉药缓解疼痛，而是在用疼痛压制疼痛。

"袋装砂"工艺修成的通岛公路

杨国良苦笑一声，爬起来，给他们一个一个地"剥皮"。

每剥一块，咬牙咧嘴，呻吟一片。

晒伤的皮

肤先是红肿，慢慢地就曝出一层层的厚茧皮，剥下后露出的是嫩嫩的鲜肉，带着隐隐的渗血，如梅花点点……

此情此景，让人唏嘘，让人战栗，让人心碎。

即便如此，这群庄稼院出身的庄稼汉，依然咬牙坚持着干下来，没有耽误过一天工。

他们只是普通的民工，只知道把青春血汗无悔地洒在千年小岛上，却不知道正在创造着一项载入史册的世纪大工程。

……

15. 歇人不歇马

夏去秋来，瓜果飘香。

渴盼中的通岛公路，在人们的汗水里，逐渐凝固成段段路基，呈现在曹妃甸的大海上。

然而，一个难题迫在眉睫。

通岛公路路基建设进度较快，但所需物料供不应求。

这些物料全部依靠嘴东渔港的铁驳船运输，随着通岛公路路基的构筑，驶出渔港的铁驳船除了在西侧完成抛石外，又必须绕行曹妃甸南侧在通岛公路东侧抛石，这样不仅航程较远，而且曹妃甸南侧水深浪急不利于铁驳船航行，严重影响到通岛公路的进度。

石料供应与路基吹填是同步进行，运送石料的铁驳船因航程加大，一旦供应不及时，通岛公路的建设进度就会受到影响。

孟凡帝、杨义志和运输船队队长周世珠，心急如焚。

8 月中旬以来，杨义志白天顶着盛夏酷热、黑夜不顾蚊虫叮咬，马不停蹄地穿梭在岸与岛之间，沟通、汇报、协调，艰难地支撑着石料供应，已经一个多月没有回过家了。

周世珠带领船队，船员轮换着上船，昼夜不停地运送石料。

他们管这种战术叫“歇人不歇马”。

可是，由于受前面提到的因素限制，“马背”上的物料依然匮乏。

望着茫茫大海，孟凡帝陷入了沉思。

他熟悉渤海湾地貌，把眼光投向了浒河口到双龙河口的沿岸一带。

通岛公路是个点，要围绕这个点来画面，若想“颜料”充足，就必须寻找新的运输码头。

于是，孟凡帝跟杨义志、周世珠商量：能否跳出嘴东看通岛公路，再开辟一条运输线？

经过一番勘察讨论，他们最后选定青龙河出海口的滦南县高尚堡渔港作为新的石料供应码头。

石料从那里上船后，能直接为通岛公路的东侧提供石料供应，不再绕行曹妃甸岛南侧，可大幅缩短航程，节约时间。东侧海域水深，又非常适宜铁驳船的航行，能保证石料及时、充足供应。

事不宜迟，说做就做。

但，开辟新的码头谈何容易。找场地、建临时码头，一个个难题又摆在方舟人的面前。

十几天的时间里，他们箭在弦上、昼夜奋战，攻克了一座又一座堡垒：登门拜访近百人次，求助单位、部门、家庭 98 个（户），涉及海水养殖户、唐海县农场（队）等多个领域，行程近 2000 公里……

一道道障碍被打通了。

随之，为保障道路安全又修缮桥梁 8 座、铺垫石渣延长路 2.2 公里、建成堆放石料场 1 座，终于将通往曹妃甸通岛公路的第二条石料运输通道全面建成。

石料供应，滚滚而来。

通路工程，快马加鞭。

通岛公路的石料供应，实现了东、西两侧同时快速推进，保障了通岛公路建设的进程。

16. 惊险预演

曹妃甸通岛公路的开工建设，不仅牵动着河北人的心，也牵动着首钢人的热切期盼，尤其是首钢高层决策者，因为这里是首钢几代人追梦“大钢”的地方。

虽然首钢搬迁事宜还没有正式确定，但首钢人拓展铁矿石原材料购进、谋划新址壮大规模的愿望日趋强烈。

首钢在曹妃甸建设钢铁大基地，如何才能上升到国家产业布局、国家发展战略，是北京市与河北省以及唐山市多年不懈努力追求的目标。

从 20 世纪末到 21 世纪初，首钢设计院院长、总工程师陈伟和其他首钢领导等，从燕山脚下到渤海湾畔，奔走于冀东大地，为首钢的未来默默思考着、谋划着。

2003 年 9 月中旬，一条长长的路堤犹如蛟龙腾起在碧波万顷的曹妃甸海域，通岛公路雏形基本建成。

听到这个消息，陈伟激动万分、夜不能寐。他和首钢设计院的工程技术人员商定，要实地到曹妃甸再走一走、看一看。

唐山人建成如此大的项目，曹妃甸未来的准确定位是什么？首钢依托曹妃甸的重要定位又是什么？

带着一连串的问号，商定的行程考察事项迅速上报到首钢总公司，并立即得到批复：同意首钢设计院组织相关人员到曹妃甸实地考察，不仅包括工程专业技术人员，还要包括涉及地质、水文、气象、新闻宣传等各方面人员，对外宣称是北京旅行社组团来曹妃甸游玩，暂不能惊动唐山市政府、曹妃甸通岛公路项目建设指挥部。

几天后，一支由陈伟带队、总计 30 多人的队伍，乘坐一辆大型客车从北京出发，直奔滦南县嘴东渔港。

到达嘴东渔港后，首钢先遣人员找到他们已经熟悉的孟凡帝，让帮忙找一条坚固且船体较大的渔船，并告诉孟凡帝："利用周末时间来曹妃甸附近海域及岛上游玩，时长一天！"

时值海上生产旺季，渔船几乎腾不出宝贵时间载人"游玩"。

后经孟凡帝从码头上找到村里的一条渔船，载着 30 多位北京"客人"，驶出嘴东渔港，奔赴大海，登上曹妃甸岛。

曹妃甸岛，陈伟已来过三次，这是他第四次登岛。在岛上，他向人们尽兴地介绍小岛的来历和自然风貌，也简单讲解水文地质环境等，使大家对小岛的兴趣愈加浓厚。

但是，在船长和岛上施工人员面前，他们闭口不谈。

陈伟不时地望一望大海上已经凸起的通岛公路路基，在心中连连惊叹：通岛公路修通了，在这里建设世界级大钢铁企业基地真是黄金宝地啊！

他用相机拍下多张曹妃甸通岛公路的照片，准备回去后向首钢领导汇报。

在岛上施工的杨国良，走近一位戴着深度眼镜的老者，随口问道："你们从哪里来？做什么的？"

那位老者回答："我们是北京的，来旅游。"

之后，再也没说什么。

杨国良感觉很是纳闷，看他们拿着笔在本上勾勾画画，仿佛在记录着什么，感觉不像是旅游团，倒像一个考察团，但这跟他无关，于是带着重重疑惑继续干活儿去了。

午时，陈伟他们在岛上吃过带来的方便食品后，便要船长驾船沿着通岛公路的西侧航行。

船长说："沿着通岛公路航行，海况复杂，海中到处是吸沙管线，深坑浅滩星罗棋布，散落的抛石隐匿水中，再说岸上也没有码头，这样行驶不行!"

但是，陈伟要求一定按照他说的线路航行——他明白，自己是带着"任务"来的，必须亲眼看一看修建的通岛公路基本情况。

船长终于没拗过陈伟，只得起航沿着通岛公路路基西侧向北行驶。

渔船一路东拐西拐，绕浅滩，躲深沟，过激流，越暗礁，艰难行驶。

下午 4 点左右，突然，海面上升腾起浓浓雾气，寒意袭人，非常阴冷，船上又没有可躲避的御寒处，人们所带的衣物也很少，30 多人在船上被冻得瑟瑟发抖。

陈伟怕出意外，急忙让船长回嘴东渔港——随行人员都是"旱鸭子"，一旦出了危险，后果不堪设想。

船长迅速摆舵，折返向西行驶。

刚刚掉过船头，发动机大吼几声，伴随着滚滚浓烟，船不动了。

船长随即意识到，因为着急回港，船行驶到"港上"（海底中的硬质沙滩）了!

船在上面搁浅住，进退不能，随着海浪的撞击，船毁人亡的事件极易发生，非常危险。

此时，船长也慌了，使尽浑身解数，来回摇摆着船舵，想脱离浅滩，结果屡战屡败。

船上的人们不知道怎么回事，只觉得寒冷异常，恨不得一步迈到岸边，躲进车里取暖。

阴沉沉的天空又飘来密密雨丝，雨虽说不大，但更令人增添了阴冷、潮湿的感受。

看着渐渐暗下来的时光，所有人情绪烦躁。

陈伟更是火烧火燎，问船长："怎么回事？还能不能走？"

情急之下，船长操着冀东沿海独特的方言和江浙口音浓重的陈伟沟通好长时间，完全不知所云。

陈伟看看焦虑的同事，又看看犹豫的船长，在船头不停地打转，仿佛热锅上的蚂蚁。

假如天黑下来，船搁浅在这里，后果不堪设想。

船上30多人都是首钢的"宝贝级"人才，一旦发生意外，怎么向首钢交代？来之前，他们只是跟家人说是出差，出了事儿，又怎么向亲人交代？!

可是向谁求救呢？若打电话给上面，还要层层批示，时间耽搁不起啊！

孟凡帝！陈伟脑海里猛然冒出一个名字！

他想起了给他们找船的那个小伙子，也多亏上船之前彼此留下了手机号，但仅凭一面之交，找他来救援能行吗？

人命关天，再无其他办法，只好打电话试试吧！

陈伟焦急地拨通了孟凡帝的电话："孟老板，我们在海上遇险了，船搁浅住了，怎么办啊？"

风大如吼，声音杂乱，再加上方言重，好多话语听不清楚。孟凡帝让陈伟即刻把手机给船长，让他讲述情况。

一切都明白后，孟凡帝站在岸边，望着苍茫大海，细雨扑面，心如鹿撞。

当时正是退潮时刻，天色已晚，船都回港了，眼下要出海很难。何况出事海域距离又远，即使从嘴东渔港出船救援，恐怕也来不及。

忽然，孟凡帝听到码头远处传来父亲的声音，循声望去，只见父亲正冒雨向他匆匆走来。

“爸，你来码头有啥事儿?”孟凡帝喊道。

“没啥事儿，就是凡江的船还没收港，我到码头上看看，等会儿他。”孟庆来回答说。

孟凡帝一愣：“凡江还在海上？到哪里了?”

父亲答道：“说是还在甸上那边下网呢，等收网后再回来。”

孟凡帝“哦”了一声后，让父亲赶紧回家，并说由他在码头上等弟弟。

老人家点点头，一边答应着一边转身走了。

孟凡帝随即拨通了弟弟的电话，把首钢30多人在“港上”遇险的情况简要说了一下，吩咐道：“人命关天，你赶紧停下来，想想办法去营救他们，注意安全，越快越好!”

孟凡江接完电话，来不及思索，放下网绳，向船工们挥手高喊：“停下，停下!”

随即让他们聚到甲板上，快速启动渔船，迎着汹涌的潮头驶向出事海域。

按照对方提供的出事海域位置，经过近一个小时的航行，终于到达距离遇险船只200多米处。

但是，他的船不能靠上去，因为那上面就是可怕的曹妃甸“港上”。

天色已晚，借着船上的探照灯远远望去，遇险船只一动不动地正搁浅在那里，虽说海浪不大，但看上去撞击得非常厉害，凶险的渤海湾特有的“开花浪”在船四周不时地炸开着，犹如礼花碎屑。

遇险船不能动，营救船靠不上去，天又暗了下来，怎么办呢?

这时，孟凡江想起自己船上带着一条小划子（一种无动力小木船，靠人工摇橹前行）。可否用小划子把人接到大船上?

于是，他立即和遇险船长取得联系，斩钉截铁地说：“我们摇着

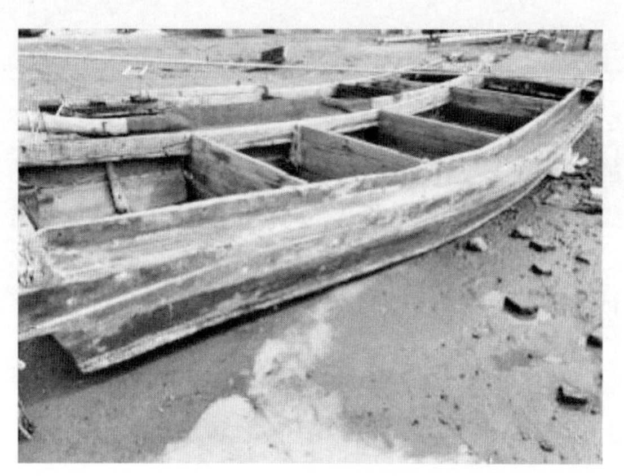
俗称“小划子”的木船

划子把你船上的人接过来，你赶紧打开灯光!”

旋即让船工抛下铁锚固定好渔船，孟凡江带上一名船工，解开绳缆，摇着橹划向遇险船。

夜黑浪急，不足5米长的小木划子，仿佛玩杂技一般，一会儿涌上浪尖，一会儿跌入浪谷。

200多米的距离，似乎有200里的路程，每前进1米，不知要付出多少艰辛。船翻人亡的危险，云雾一样时刻笼罩在头顶。

终于靠近了，靠近了……

可是，对方多是“旱鸭子”，从大船上小船，也战战兢兢、如履薄冰。

孟凡江急中生智，用一根木杆支撑着每一个下来的人，这才确保万无一失。

“大家别着急，有顺序地上船，上船后要紧紧地扶住船板，不要乱动。”

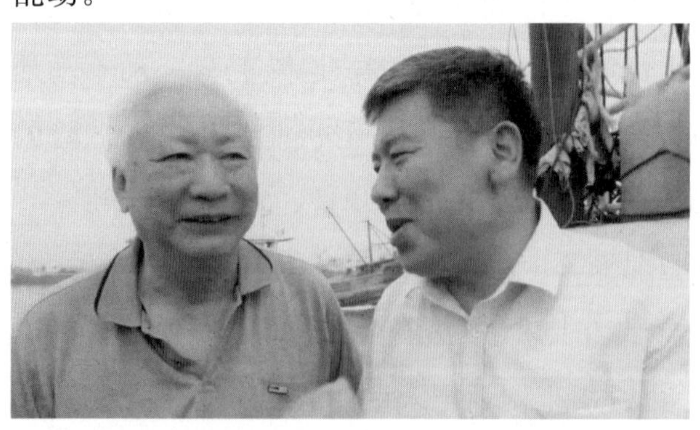
多年后陈伟（左）和孟凡帝相见时的情景

每10人一组，慢慢地登上小划子，再摇着橹，送上大船。

一个又一个，一批又一批，直至彻底脱险。

2022年秋，当笔者采访到已是耄耋之年的陈伟时，老人深情地说：“每次到曹妃甸看首钢，我总是要看看心兹念兹的救命恩人‘小伙子’孟凡帝和他的弟弟孟凡江。我们每次见面，双手总是紧紧地握在一起，满腹话语汇聚成行行热泪。一切都在不言中，是那里的风雨化成我们的永恒深情!”

而那次抢险好像一次预演，又像一个预言。

谁也想不到，一个月后，一场举世瞩目的超级大惊险，正悄然酝酿。

17. 动员令

与我们隔海相望的韩国，二战后，仅用几十年，便创造了“汉江奇迹”，带领人民走向发达国家，挤进了“亚洲四小龙”之列；远在欧洲大陆的德国，创造的“莱茵河奇迹”，使之从一个百废待兴的战败国，一跃成为全球第四大经济体、欧盟主导国家之一……

纵观这些“奇迹”的出现，除了正逢历史重大发展、深度变革的机遇外，都有一个重要支点，就是以江河为依托，沿河而下，溯河而上，往返大洋，以条条水路构筑起各具特色的现代化工业城区，依河海而兴，先催生出经济繁荣，进而带动全面发展。

河北太渴望发展海洋经济了，唐山更是如此。

于是，曹妃甸成为焦点，万众瞩目，望眼欲穿。

9月下旬，全长18.447公里的通岛公路已完成15.5公里，只剩下六公里处和十二公里处两个合拢口，全线贯通指日可待。

工程建设指挥部向市委、市政府做出汇报，预计当年封冻前可提前完工，明年初实现正式通车。

为了加快进度，指挥部又对各施工单位发出了“决战两个月，提前过春节”的动员令，并做出具体部署。

路基吹填，昼夜施工不停。

灯火通明，宛如赤壁大战。

10月初，两个龙口段因受渤海湾洋流影响，暂缓合拢，从高处看，好似海上的缝隙。

秋高气爽，寒意微浓的北方季节，风暴潮会乘虚而入吗？

众人想，都进入10月上旬了，渤海湾出现特大风暴潮的概率已大大降低，应该不会出什么问题吧……

遥忆从前，上一次出现特大风暴潮是在1992年的夏季，哪能还会碰巧降临呢！

谁知人算不如天算，这种侥幸心理，很快就给大海“恶魔”留下了无尽狂欢的道场。

2003年10月10日傍晚到12日上午，海水在狂风的推波助澜下，汇聚成惊涛骇浪，摧枯拉朽般地吞噬了一段段通岛公路。

顷刻间，通岛公路上的护坡石块被风浪打得七零八落，30多米长的“袋装砂”被海浪拧成了麻花状，重达500多吨的沙袋像纸片一样被卷入狂涛中，450条生命危在旦夕……

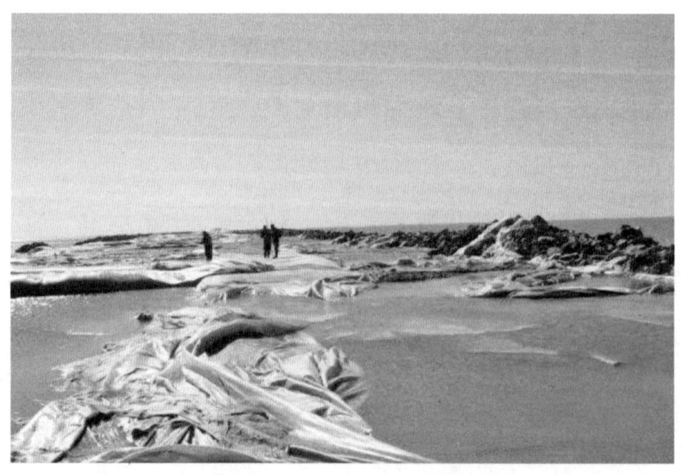

风暴潮后低潮位下的通岛公路惨状

热情期待的人们，惊恐绝望，在特大风暴潮面前留下了不堪回首的记忆。

第三章　风暴欲来

风暴潮，又称“风暴增水”“风暴海啸”“气象海啸”“风潮”等。

它是由于剧烈的大气扰动，如强风和气压骤变（通常指台风和温带气旋等灾害性天气系统）导致海水异常升降，使受影响的海区潮位大大超过平常潮位的现象。

其影响范围大小不等，一般为数十至上千米，持续时间可达几小时到上百小时。

风暴潮在海洋自然灾害中居于首位，能否造成灾害，在很大程度上取决于最大风暴潮是否与天文潮高潮相叠，尤其是与天文大潮的高潮相叠。

如果风暴潮位非常高，就算未遇天文大潮或高潮，也会造成严重潮灾。

海岸形状、海底地形、受灾地区所处的地理位置、滨海地区的社会经济情况等因素，亦可影响风暴潮能否成灾以及灾害程度。

18. 回眸风暴潮

我国从汉代起就有风暴潮灾害的记录。

历史文献中将其称为“海溢”“海侵”“海啸”及“大海潮”等，把风暴潮灾害称为“潮灾”。

风暴潮带给人类的悲剧，历历在目。

……

元大德五年（1301 年）记载：“七月初一，大风，屋瓦皆飞，海大溢，潮高四五丈，杀人畜，坏庐舍，漂没人口一万七千余。”

明弘治六年（1493 年）七月初三日：“泉州自卯至申时，风雨大作，扬沙走石，开元寺西塔葫芦倾覆，折林木无数，城铺粉堞颓十分之九，坏官私庐舍商舶民船不可胜计。”

康熙三十五年（1696 年），强台风风暴潮袭击江浙一带，上海是重灾区，记载如下：“六月初一日，大风暴雨如注，时方值亢旱，顷刻沟渠皆溢，欢呼载道。二更余，忽海啸，飓风复大作，潮挟风威，声势汹涌，冲入沿海一带地方几数百里。宝山纵亘六里，横亘十八里，水面高于城丈许；嘉定、崇明及吴淞、川沙、柘林八、九团等处，漂没千丈，灶户一万八千户，淹死者共十万余人。黑夜惊涛猝至，居人不复相顾，奔窜无路，至天明水退，而积尸如山，惨不忍言。”

清光绪二十一年（1895 年）四月二十八日，渤海湾发生风暴潮，毁掉了大沽口几乎全部建筑物，整个地区变成一片泽国，“海防各营死者 2000 余人”。

民国十一年（1922 年）8 月 2 日，强台风风暴潮袭击汕头地区，《潮州志》详细描述了当时的灾情：“田园湮没、堤围溃没，人畜漂流、船筏荡折，衣履萦于树梢，轮船溢于山上……受灾尤烈者如汀海之外砂，竟有全村人命财产化为乌有。灾情发生后，中外人士，海外侨胞，四方奔走，积极赈灾，特别是潮汕籍的泰国侨胞。”

据不完全统计，20 世纪的 1905 年、1922 年、1937 年和 1939 年我国沿海地区就发生过 4 次淹死万人以上的台风风暴潮灾害。尤其是 1922 年的广东省汕头特大风暴潮使“平地水深丈余，乡村多被卷入海涛中，7 万余人因此而丧生”。

1964 年 4 月 5 日发生在渤海的温带气旋风暴潮，使海水涌入陆地 20—30 公里，造成了 1949 年以来渤海沿岸最严重的风暴潮灾。黄河入海口受潮水顶托，浸溢为患，加重了灾情，莱州湾地区及黄河口一带人民生命财产损失惨重。

1969 年 4 月 23 日，同一地区的温带风暴潮使无棣至昌邑、莱州的沿海一带海水内侵达 30—40 公里。

1992 年 8 月 28 日至 9 月 1 日，受第 16 号强热带风暴和天文大潮的共同影响，我国东部沿海发生了 1949 年以来影响范围最广、损失非常严重的一次风暴潮灾害。潮灾先后波及福建、浙江、上海、江苏、山东、天津、河北和辽宁等省、市。风暴潮、巨浪、大风、大雨的综合影响，使南自福建东山岛，北到辽宁省沿海的近万公里的海岸线，遭受到不同程度的袭击。受灾人口达 2000 多万，死亡 194 人，毁坏海堤 1170 公里，受灾农田 193.3 万公顷，成灾 33.3 万公顷，直接经济损失 90 多亿元。

……

渤海湾、莱州湾沿岸发生的大多属于温带风暴潮，一般在春、秋两季，通常是由冷空气（寒潮）或温带气旋引起。

为什么呢?

渤海是中国的内海，一个典型的半封闭海湾型内陆架浅海，其海面主要由“三湾一峡”，即北部的辽东湾、西部的渤海湾、南部的莱州湾及东部与黄海相连的渤海海峡组成。渤海湾和莱州湾及渤海南岸地势平缓，为东北大风迎风带，常引起增水。

造成渤海沿岸风暴潮的寒潮天气形势有两种，即气压为北高南低型和冷高压型。一旦遇到热带气旋或者温带气旋之后，就很容易形成风暴潮。这样的风暴潮又具有来势猛、速度快、强度大、破坏力强的显著特点。

我们站在地球仪前，用手旋转着看北半球中华人民共和国版图上的渤海湾时，会发现它被一望无际绿色的华北大平原所包围，再往上就是黄褐色起伏不平的蒙古高原。平原与高原形成了梯级差，这里距离强冷空气的发源地西伯利亚、贝加尔湖区又很近。每年的春、秋、冬季节，强劲的冷空气“居高临下”，随着地球的自转时常“光顾”这片近乎封闭的海湾。而夏季呢，又常常受到北上台风的袭扰，连热带风暴也频频踏足。

由于特殊的地理原因，渤海湾的风暴潮非常独特。

几千年来，沿岸百姓背负着这一沉重的灾难包袱，轮回沧桑，沧桑轮回。

19. 九月九

农历九月初九，是中国最重要的传统节日之一——重阳节。

在古代，重阳节有登高祈福、秋游赏菊、遍插茱萸、拜神祭祖等习俗。

而在现代，重阳节又增加了敬老这一富有现实意义的内涵。

但是，在河北省沿海一带，九月九前后，还会产生一种独特的自然现象。

秋天一到，下海的渔民们都会数落着这个日子，快到农历九月初九了，一定要做好回港避风的准备，因为这预示着一般会出现强度不等的刮大风或风雨交加的糟糕天气，当地人称之为“发九月九”。

面对神秘的大海，在科技水平不发达、生产力低下的时代，先辈们无法解释，只好编织出神话传说，慰藉自己，教育后人。

传说海神妈祖原是观音菩萨的门徒，是一个皈依佛门的龙女。

一日，随观音云游东海，见湄洲岛渔民屡遭海怪残害，经常船翻人亡，悲惨万分，便向观音请求，允她下凡收服海怪，救护生灵，功成之后，再回西天修炼。

观音心怀慈悲，自然答应，临别吩咐：“二八为期，汝去吧！”

龙女转世凡间，投胎在湄洲岛林愿家里，于宋建隆元年（960年）三月二十三日出世，取名林默。长大后，专为岛上乡亲排忧解难，男女老少无不敬仰。默娘16岁时，得到了玄通道士的秘法，终于收服了晏公、千里眼、顺风耳等海怪，从此渔民在海上出入平安，无灾无祸。

一天夜里，默娘在梦中听见观音菩萨说：“二八为期，你下凡期限已到，速回普陀山。”

默娘与家人、乡亲朝夕相处，突然要离去，如何舍得？

然有约在前，进退两难。

天亮后，她独自在海滩上走来走去。时而抬头望一望天，时而回首看一看海岛，终究想不出两全其美的办法。

这时，一位叫玄通的道士来到她身边，点拨说："神姑心思，老道尽知。'二八为期'可作两解。汝可再留人间十二年，凑足二十八载，既不违师命，又不绝人情。"

默娘觉得有理，虽"牵强附会"，但自己并非贪恋红尘，一片丹心，苍天可鉴，料菩萨也不会怪罪。

于是，又在岛上留了下来。

光阴似箭，日月如梭，不知不觉期限已到。

这天，默娘看见观音菩萨出现在云端，用拂尘一指说："可记'二八为期'吗？如今河清海晏、百姓康乐，你应于重阳吉日，速回天庭！"

默娘合十点头，记住重阳该是自己升天的日子。

重阳那天，她早早起床，梳妆打扮，焚香祝愿人间平安幸福，然后向父母姐妹以及岛上乡亲请安，并说："今日佳节，我要上湄峰祭天，也许不回来了，大家不要挂念。"

带着咸味的海风吹拂着她的脸庞，心潮澎湃，往事浮沉。

等到太阳落山，天上传来悠悠仙乐，彩云祥和，万道霞光。

那是观音菩萨带着善财童子迎接她来了。

灵魂脱出凡体，随一阵清风直上云霄。

乡亲们见天色很晚她还没有回来，就结伴到湄洲峰顶去找。

来到峰顶，却见她神态慈祥，已静静地坐化在方石上。

众人悲痛万分，哭声一片。

玄通道士早知有今日，飘然到来，告诉大家："不必悲伤，神姑升天去了，已化身妈祖，大家应该立庙塑像、四时奠祭，愿她的神灵永驻人间，庇护天下。"

众人听后，收住泪水，对妈祖真身磕头作揖、拜了三拜，才依依依不舍地下山。

翌日，湄洲岛上出现了第一座妈祖庙。

庙里供奉着妈祖神像，是全岛男女老少用一撮撮海泥塑成的。

从此以后，妈祖神灵时常回归，庇护百姓安宁。

每年旧历九月九日，也成为妈祖羽化升天日。

下海的渔民呢，在这天不出海，祭天膜拜，等待妈祖归来。

该故事据说源于福建湄洲岛一带，但与渤海湾畔的传说同根同源，大同小异。

很多其他海边，应该也有类似的传说，无非是地点不同、方言不同。

时至今日，气象学家已对渤海湾畔九月九“发天”的规律做出了科学解释：那段时间，正是秋末季节，寒露与霜降交替，渤海湾一带经常受北方冷高压控制，冷暖转换，变化无常，西伯利亚寒流逐步加强加密，秋风秋雨横扫冀东、直扑渤海……

20. 反常的九月九

2003 年 10 月 4 日，重阳又至。

一大早，孟凡帝就从曹妃甸岛坐船赶回嘴东。见到父亲后，他高兴地说：“通岛公路即将全线贯通，今天虽是重阳节，但时间紧、任务重，我还得回岛上，刚才让食堂准备了几个菜，你们老哥儿几个，中午好好喝点儿吧!”

说完，正要回工地，突然又转身问道：“爸，今年真是好光景，九月九愣是没‘发天’，甸上的活儿也干得非常顺畅，不会再有什么变化了吧?”

孟庆来在嘴东渔港码头

孟庆来仰起头，看了看天，笑着回答："嗯，老天爷也有个打盹的时候啊，不过……还得多加小心。"

是啊，2003 年的秋末，气候一反往常，强劲的西北风迟迟未到，连续两个多月干旱少雨，烈日当头，秋燥犹如酷暑，真是怪事儿。

奇怪吗？

孟庆来望着天上飘来的淡淡白色云团，有着多年海上经验的他，也曾见过这样不正常的天气，九月九并没有迎来大风和强降雨。

但，今年，他总感觉有一种不祥之兆，"发天"会不会推迟呢？

每天坚持收看收听天气预报，是他雷打不动的习惯。

除了中央电视台《新闻联播》后的天气预报、中午《新闻 30 分》后专门的海洋气象预报外，他还关注着河北电台、唐山电台的天气预报。

看完、听完后，就及时跟在海上捕鱼作业的儿子孟凡江通话联系，说说情况。

孟凡江是海外队长，带领着 20 来条船在海上忙碌，时常顾不上留意气象信息，让老父亲感到担忧。

尤其是最近几天，他对天气更加关注，毕竟两个儿子都在海上作业啊。

……

10 月 8 日，《新闻 30 分》天气预报：天津，多云转阴，气温 21℃—14℃，渤海海域东风 3—4 级，海浪 1.5—2 米。未预报有大风海浪。

10 月 9 日，《新闻 30 分》天气预报：天津，多云转阴，气温 21℃—14℃，渤海海域东风 3—4 级，海浪 1.5—2 米，未预报海上有大风。但大陆上的西北部和东北部标出了 5 级大风的标识。

10 月 10 日，《新闻 30 分》在第二条新闻中，播出了“一股来自西伯利亚的较强冷空气今晚开始影响我国北方大部，气温将下降 5℃—8℃”的消息，随后的海洋天气预报中渤海标出有东风 7 级的标识，预报渤海海域海浪 3—4 米。

10 日晨，太阳刚露了一下脸儿，就匆匆地隐没在滚滚乌云里。冷冷的东风，把乌云低低地压在海面上。

孟庆来站在码头上，望着天空沉思。俗话说“早怕东南，晚怕西北”，一大早东风响起，乌云飘来，恐怕是迟到的九月九终于要“发天”了吧？

上午，通岛公路项目建设指挥部、上海航道局曹妃甸项目部、江苏南通海洋工程公司、江苏省启东水利工程公司、浙江省广宇工程有限公司、唐山方舟实业有限公司、广东东莞东江公司等施工单位均收到了天津海洋气象中心的预报：“预计 10 日晚到 11 日晚，渤海海域有 6—7 级大风，有 4—5 米的海浪，渤海湾、莱州湾和山东半岛北部沿海将出现 50—100 厘米的风暴增水。上述岸段内的河北唐山嘴东、黄骅，天津塘沽和山东滨州潮位站将于 11 日午夜出现达到当地蓝色警戒潮位的高潮位。”

果不其然！

蓄势已久的寒潮大风，自西伯利亚一路东进，直插我国境内，掠过西北后，像一头饥饿的猛狮，从蒙古高原跳下，直扑东北、华北，迅猛南下。

由于渤海地理自然环境的特殊性，强冷空气与暖湿气交汇形成的温带旋涡，在渤海湾卷起狂涛巨浪，造成了近百年不遇的特大风暴潮——后来被命名为“0310”号温带风暴潮。

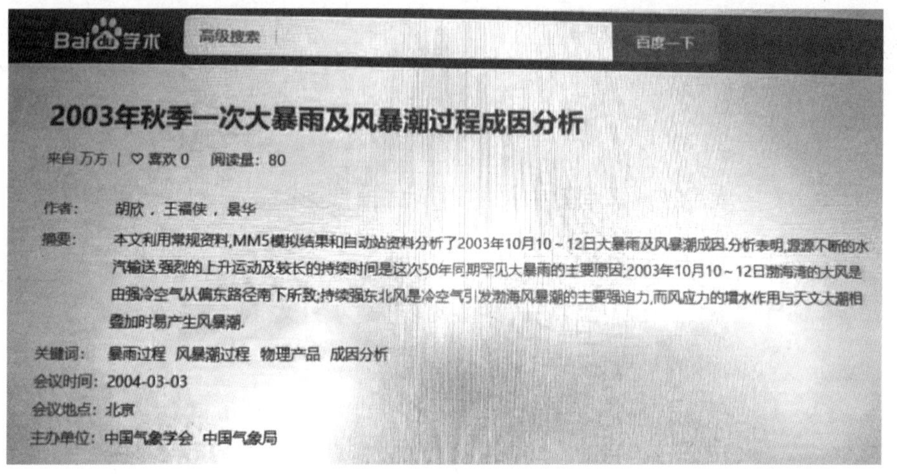
Bai du 学术 高级搜索 百度一下

2003年秋季一次大暴雨及风暴潮过程成因分析

来自 万方 | ♡ 喜欢 0 阅读量：80

作者：胡欣，王福侠，景华

摘要：本文利用常规资料,MM5模拟结果和自动站资料分析了2003年10月10～12日大暴雨及风暴潮成因.分析表明,源源不断的水汽输送,强烈的上升运动及较长的持续时间是这次50年同期罕见大暴雨的主要原因;2003年10月10～12日渤海湾的大风是由强冷空气从偏东路径南下所致;持续强东北风是冷空气引发渤海风暴潮的主要强迫力,而风应力的增水作用与天文大潮相叠加时易产生风暴潮.

关键词：暴雨过程 风暴潮过程 物理产品 成因分析

会议时间：2004-03-03

会议地点：北京

主办单位：中国气象学会 中国气象局

中国气象局对2003年10月11日风暴潮的成因及灾害分析

而此时，浊浪排空的大海似“恶魔”，在渤海湾畔狂舞着拳脚，向无助的曹妃甸通岛公路上的民工们步步逼来！

接下来，笔者将通过一个个当事者的回忆，将一幕幕难以忘却的纪念，尽可能地拼接、还原……

历史不应被遗忘！

英雄本该被铭记！

第四章　十万火急

狂风骤雨，路基尽毁。

初步得知，300 多条生命危在旦夕。

具体还有多少，谁也说不清楚。

危难之际，又遭遇突然停电、信号中断，一切都陷入茫茫黑夜。

肉体、灵魂和泪水，在大海上漂流。

21. 风雨嘴东路

10 月 10 日傍晚 6 点多，渤海湾海域。

天似穹庐，更像锅盖。

猛烈的东北风裹挟着滂沱大雨，不停地嘶吼着、倾泻着。

通岛公路零公里处，建设指挥部办公室灯火通明，王志勇、李宏民、彭永佳、解占强以及其他工作人员，刚吃过晚饭，正在谈论着即将合拢的通岛公路关键点和下一步需要加紧完成的事项。

上海航道局曹妃甸项目部设在嘴东渔港，作为项目总承包商，上航局项目部经理施俭要求各项目施工方负责人，每天都要到指挥部汇报工程进度及存在问题，共同协商解决。这是开工以来形成的惯例。

说完事情，孟凡帝找到王志勇，想跟他汇报一下岛上临时公路运送石料的情况，还没张嘴，施俭和上航局曹妃甸项目指挥部党支部书记徐志铭“嘭”的一声就把门推开了，“今天晚上的风看样子很大，还下雨，孟总，咱们赶快回嘴东吧！”

王志勇见状，催促道：“和施总一起快回去吧，明天再说！”

急忙穿上雨衣，一道转身走出房门。

没走几步，一阵狂风迎面刮来，把身高 1.85 米的孟凡帝吹了个大趔趄。随之，雨衣也被掠去了。

孟凡帝对司机喊：“赶紧，要不走不了了，风雨太大！”

南通海洋工程有限公司经理周成也跑出来。众人立即挤上了切诺基吉普车。

一路向北，逆风行驶。石渣路上，司机把油门踩到底，只听到发动机嗡嗡响，就是感觉不到车子前行。

车窗外，大雨倾泻在挡风玻璃上，雨刷显得无济于事，大风中的车子不时左右摇摆。

近一个小时，吉普车才行驶了十几公里，终于开到双龙河通往嘴东渔港的河堤柏油大路上。司机心想：上路后车子调转方向，风向有点顺了，路一定会好走很多，不那么费劲了吧。

施俭感叹道：“这回差不多了，回到嘴东后，一定要好好睡上一觉，这几天太累了。”

通岛公路全线贯通到了最关键时刻，施俭作为总承包方的项目经理，每天东奔西跑，协调、督促、处理解决棘手事情，真是太累了。坐在颠簸的车上，他很快就睡意蒙眬，点头如鸡啄米。

这条路依人工挖成的河堤而建，堤坝高出地平面很多，也是当时嘴东区域的海拔高点之一，乃嘴东陆路通往外界的唯一通道。晴日里，远远望去，好似一条笔直的高高城墙横亘在辽阔的海滩上。

刚驶过双龙河上的零点大桥，正准备向南，突然，随着司机的一声惊叫，吉普车随即来回地摆动起来。

孟凡帝一边让紧急停车，一边急切地问："咋回事?"

司机哆嗦着回答："风太大，我们已经走到路的高处了……"

吉普车自重就有两吨多，还坐着几个人，风真的太厉害了。

"还能走吗?"

"等等吧，风雨太大了。"

众人透过车窗，隐隐约约看到，往日静静的双龙河水在狂风的裹挟下翻起滚滚浪涛，不停地涌向岸边。

停了一会儿，车子重新发动起来，继续向前行驶。

孟凡帝叮嘱司机："不要着急，安全第一，慢慢走!"

此时，远远望去，冀东监狱四支队的灯光依稀可见。

往日，从零公里处指挥部到嘴东这段路一般就是半小时左右车程，今天却整整走了一个半小时。

孟凡帝思忖起来，今天的风应该不是预报中说的6—7级，肯定超出了预报数值，至少有10级。

他虽然不懂天气预报的科学原理，但在海边出生、海边长大，又在海上摸爬滚打这么多年，基本常识还是知道的。

驶过四支队，就要到嘴东了。

风雨中的嘴东，灯光下的码头，忽明忽暗，渔船在避风港里猛烈地上下跳动着，往日里热闹非凡的店铺都已关门打烊，大道上除了几盏在摇摇晃晃的路灯外，看不到任何来往的行人和车辆。

孟凡帝感觉到一阵秋风秋雨的悲凉，眼皮和心怦怦直跳。在嘴东，多年来哪看到过这样的情景啊!

吉普车终于驶到位于渔港北侧的方舟公司院内。

司机打开门下车，孟凡帝推右侧车门也准备下车，但车门却被风死死地顶住了，副驾驶座上的周成也同样推不开。

司机见状，马上从外侧双手拉，这样，他们才下了车。

孟凡帝径直跑向办公室，让司机把施俭和周成他们抓紧时间送到嘴东码头边的“海来福”商贸货栈中心。

那里，便是上海航道局曹妃甸项目部和南通海洋工程公司项目部的住所。

22. 求救电话

孟凡帝走进办公室时，已是晚上 8 点多了。

他立即向值班人员询问情况，回答说都按照海洋气象台的预报通知及公司要求安排妥当，铁驳运输船已回港避风，只是岛上灯塔那里的给养物资没有来得及送去，等明天风小了再说。

孟凡帝点点头，要求值班人员 24 小时值守，密切注意海上情况，有事及时报告，随时做好各项准备，不能有半点儿麻痹和松懈。

听着外面不断吼叫的大风，他坐卧不宁，来回踱步。

下海的人都知道，东北风大潮最要命。渔民谚语有证：“东北风，浪汹汹。”

更何况，又逢农历九月十五、十六天文大潮期。

通岛公路上，很多施工项目部为了抢工期，节省来回运送物资及人员费用，都临时就地搭建了人员住宿简易板房，民工们是不是撤离了回来？本公司杨义志他们在灯塔那里潮水大不大，有没有危险？

于是，他拨通了杨义志的电话，但因为当时海上手机通信基站少、覆盖能力弱，信号时断时续，根本听不清对方说什么。

他急忙发了一条短信："请速汇报那里的情况！"

不一会儿，孟凡帝收到杨义志回复的短信："海上风已很大，海浪也在加大，暂无危险，有事及时上报。"

又去值班室的甚高频对讲机前，联系到公司船队队长周世珠。

问："运石料的铁驳船都停在哪里？"

答："都已回到嘴东渔港避风呢。"

叮嘱："今天风大浪急，回港停靠的船只也要注意安全，船上一定要安排值班人员，船缆绳一定要加固好！"

周世珠说："我马上安排人去渔港码头再次检查！"

最后，他想起了下海的弟弟和父亲，拿起电话给孟凡江打过去："船都回来了吗？爸爸回家没有？"

弟弟回答"一切都好"，随口问他："哥，甸上那边怎么样？"

孟凡帝简单地说了曹妃甸岛及通岛公路上的情况，说到现在还没有听到那边有啥情况，并叮嘱他跟爸爸说一声，都早点休息。

这才挂掉电话，准备脱衣躺下。

突然，手机炸响，一看是周成打过来的。刚接通就听到对方大喊："孟总，不好了！通岛公路上刚才来电话，海洋 4 号、海洋 5 号两条无动力方驳船缆绳已断，船上的 50 多人现在非常危险，说是风浪太大，生死难料，现正在向刘士卫的船上转移。但是，从那边传来的消息看，困难重重，怎么办啊？！"

刚放下电话，还没来得及去想怎么组织救援抢险，施俭的电话也打了过来，语气更加急促："凡帝啊，二工区、三工区两个点位上的帐篷、木板房已全部被大风刮走，海浪正在吞没民工们居住的地方，随时都有被冲没的危险，那里有 100 多人啊，电话里说非常非常，非常危险了，求你了，看看怎么组织去营救啊？！"

上述话气充满着浓烈的急不可耐，连续说了两个"非常"后，又加了一句“非常危险”。

孟凡帝本来已经紧绷的神经，瞬间陷入高度紧张之中。

无动力驳船是南通海洋工程有限公司用铁浮筒焊接而成，用来在海上装吸沙发电设备及供施工人员居住，假如在这样的大风大浪中，缆绳被冲断，随时都会倾覆大海。

再说，在茫茫大海上刚刚修筑的通岛公路，面对近百年不遇的特大风暴潮，坚若磐石的路基也会危如累卵，土崩瓦解……

一连串的可怕图景闪现在孟凡帝眼前，施俭、周成的电话仍在不停地打过来，怎么办？怎么办？怎么办啊？

“怎么办”在两位南国汉子口中不停地喊着，语气也在变换加重。

是啊，施俭是外地人，对渤海湾的自然环境状况不太熟悉，工地上困住了那么多人，电话中说命都保不住了，他能不着急吗？况且，通岛公路上的兄弟们在电话里一直在哭喊哀求。他有什么办法呢？只能向孟老弟求救，别无选择！

孟凡帝呢，正是因为熟知渤海湾的海况，所以更明白风暴潮的凶险。

面对此情此景，无异于匕首扎心！

23. 迷失方向

刘士卫，唐山市乐亭县汤家河镇田庄村村民，15 岁就跟随邻村亲戚从事海洋作业。多年的海上生活，练就了一身捕鱼本领，被当地人称为“好把式”。

2003 年春，随着曹妃甸开发建设，刘士卫卖掉了多年下海用的网具，驾着渔船来到了通岛公路项目部，专门为南通海洋工程有限公司做交通服务。

当时流行渔民“转产转业”，他还被当作典型在全县推广宣传。

10月10日下午4点多，他给一个项目工地送完土工布，准备返回。

这时，南通海洋工程公司项目部总调度陈克喜打来电话，说预报今晚海上有大风，要他回港避风。

回港避风地，在通岛公路十三公里处的公司施工项目部临时驻地。

刘士卫驾船行驶了半个多小时，船已进港，正要抛锚固定，收拾一下上床休息。

突然，对讲机响了起来，还是陈克喜：“吹沙工地上海洋4号、海洋5号两条方驳船上仍有50多人驻留，今天不论多晚一定要接回项目部，海上风大，方驳船上不能再有人。”

接到指令后，刘士卫立即拉锚起航，直奔方驳船的位置。

走着走着，天已黑下来，海上的风也骤然加大，浪如山高，惊涛拍岸，震耳欲聋。

44马力的发动机虽说拖着没有载荷的船，但嘶鸣如号叫，挣扎似垂暮，艰难地穿行在波峰浪谷之间。

目标在一点点接近，刘士卫借着船上的灯光，手扶舵轮遥望，顿时惊呆了：4号方驳船上的帐篷、板房已所剩无几，两台发电机组旁趴着密密麻麻的人，船则在大海上来回上下地折腾着，在海浪中不住地起伏颠簸，随时都有倾覆的危险。

5号方驳船暂时看不到，料想也不会好到哪里去！

刘士卫松下油门，小心翼翼地准备靠近4号船，谁知难如登天。

为何？

方驳船是用铁浮桶做成的，而他自己的船是木质的，木铁相撞极易损坏。况且，方驳船固定缆绳已断，在海上漂浮不定，刘士卫必须得先追赶上没有动力的方驳船，才能再想办法将人救过来。

费了好大工夫，才行至方驳船上侧，刘士卫拿出缆绳用力扔去，又让趴在船上的民工将缆绳牢牢地系在铁桩上，顺着海浪，慢慢收紧缆绳，逐渐靠近，才把两条船链在一起。

刘士卫高声喊着要他们快上船，并多加小心。

民工们看到船来了，纷纷动起来，匍匐着向刘士卫的船上爬去。

试想，一个没有任何防护的平面板，狂风巨浪，极难立足。

一个年轻的小伙子以为自己身强体壮、手脚灵活，猛地站起来纵身一跃，打算跳到船上。哪知，两船上下交错，阵阵狂风，起伏不定，瞬间落水。

探照灯下，小伙子在狂涛中拼命挣扎着，头在海浪中一起一伏，不时地举起一只手来回晃动。

刘士卫急忙推开驾驶室的玻璃窗，借着船上的灯光，看到那人还在附近，冲着他高喊："快抓住驳船上的缆绳！"

小伙子毕竟年轻，在被一个海浪掀起时，死死地抓住了驳船上的缆绳。

刘士卫又让船上的人找到一根缆绳系上救生圈，让他们顺着风向抛过去。小伙子几经拼命抢抓，终于将绳子缠绕在自己的胳膊上，得救了！

4 号船 20 多人全部上来后，刘士卫让人断开缆绳，船与方驳船分离后，他才走出驾驶室，打开船舱盖子，让大家赶快下舱。

若非如此，眼下风浪这么大，不时地咆哮着盖过他的船，人都在甲板上来回左右摇摆，会使船失去平衡，极其危险。

再则，海上"东风六月寒"，更何况已是深秋，天气更加寒冷，让民工们进入船舱能起到保暖作用。

5号驳船上还有30多人呢！刘士卫紧握舵轮，全神贯注，加大油门，全力驶向5号驳船。

月黑风高，白浪滔天，一叶小舟，时隐时现。

5号驳船的绳缆虽然没断，但是帐篷、板房已都被大风吹走，两台发电机组也仅存一台，船体失去平衡，严重倾斜，随时都可能翻入大海。

刘士卫借着船上的探照灯光看到，船上的30多人，有的光着身子，有的仅穿着一条裤衩或一件衬衫，双手都紧紧地拉着一根长长的铁链，蜷伏在光秃秃的船板上，好似一颗颗附着在船板上的小贝壳，一动不动。

他抛下铁锚，把船靠在驳船南侧的迎风处，以便让5号船上的人顺风顺水地上来。

旋即，他走出驾驶室，任由狂风暴雨倾泻在自己身上，高喊："大家快起来，快上我的船！"

民工们不知是因为风大听不见，还是因为害怕不敢站起来回应，依旧在船板上纹丝不动，这让情急之中的刘士卫束手无策。

嗓子都喊沙哑了，他只好拿起一只铁桶，用铁扳手不停地敲击着，大声疾呼。

趴在船上的民工中，有一个领导模样的人终于明白过来，艰难地举起一只手挥动了几下，示意大家站起来，上刘士卫的船。

然而，摇摆剧烈，无法站立，只能像激战中冒着枪林弹雨匍匐冲锋的战士一样，顺着甲板爬行，一寸寸，一点点……

淹没在狂风暴雨中的刘士卫，踉踉跄跄地在船的甲板上不停地来来回回，用双手拉着一名名渴望登船的民工，又不时地拿起"弯子"（一种用于捕鱼作业的木杆工具）伸向不住摇晃的双手，递过去一束束生存的希望……

一个多小时过去了，4 号、5 号方驳船上的 50 多人，终于全部登上了刘士卫的船。

这些人几乎都是安徽、江苏、河南人，大多水性不好，对海上情况知之更少。面对已有 20 多名民工进入船舱的情形，刚刚上船的 30 多人为了找到他们认为最安全的地方，也为了躲避寒冷，来回不停走动着、搜寻着栖身之处。

风大浪高，摩肩接踵的人群使得小小渔船顿时失去平衡，如在悬崖边行走、刀尖上舞蹈，不停地摇摆。

刘士卫惊恐万状，必须想办法让他们尽快稳定下来。

他从驾驶室里疾步走出来，直奔三个船舱盖子，打开剩下的两个船舱，让他们赶紧下舱。

没有下过海也不知海上生活的民工们，望着黑暗狭窄的船舱，害怕缺氧窒息，更担心一旦真的出了翻船事故，他们想逃也逃不出来。于是，宁愿在甲板上来回不停地挪动也不愿进舱。

刘士卫急火了，以北方沿海渔民汉子那种“打山骂海”的性格，冲着民工们走去，二话不说地用手拽、用脚踹，硬是把剩下的人分别推进两个船舱中。

船舱盖子可以打开，万一民工们在船行驶中重回甲板上来，更是危险。再说能驾船的只他一人，船上若有了事儿，也顾不过来。

情急之下，他从工具箱里找来 6 颗 4 英寸铁钉，拿起铁锤，“嘭嘭”几声响过，把盖子全部钉上了。他这才松了一口气，感觉将众人装进了“保险箱”。

然后，他利索地将锚拉起，挂挡，摆舵，载着 50 多个生灵，起航归港。

常言道：“屋漏偏逢连夜雨，船迟又遇打头风。”

刘士卫驾船刚刚转过船头，启动向前，突然，船体沉重地上下抖动了两次，下面发出“咔咔”的声响。

刹那间，船的方向舵失灵了！

船舱里的民工们听到声响，立即喧嚣起来，船舱盖子被敲得几乎破碎。

刘士卫意识到，一定是船的舵机撞到了绞吸船吹沙管上，被吹沙管碰断了。

失去方向功能的渔船，像一匹挣脱渔网的黑鲨，在狂啸的大海上肆意狂奔。

在海上摔打了30多年的刘士卫，从未遇到这样的险情。

他知道，船若随浪漂泊，不用半小时就会倾覆翻沉；而固定在海中某个地方，时间一长，也会被今天的大风大浪撞得粉碎，真是动也不是、不动更不是。

注视着咆哮的大海，他把最后一丝希望寄托在船上的三个铁锚上。每个铁锚足有百斤重，只有把它们抛到海里，依靠阻力来缓解船速和上下颠簸的程度。

他艰难地走向船头，抱起铁锚一个个地抛向船的前方，呈出三角状。

抛完，他双手合十，默默祈祷，仿佛把一切都交付出去了。

突然，船舱盖下面有人在“咚咚”敲击。他一惊，“咋回事?”

里面说：“船舱漏水了！”

最担心的事发生了。

他赶忙让人把一条棉被撕成碎条，再加一把斧子堵住进水处。

随即，返回驾驶室，不住地用对讲机呼叫着……

狂浪把驾驶室的玻璃全部打碎了，玻璃碴伴着海水重重地拍在脸上。血水、海水混在一起，在脚下来回地泼散着。

很快，卫星导航也被海浪打坏了，手机和船上的对讲机都因进水无法再通话，所有能求救的联系通道彻底断开。

惊涛骇浪中，漂荡着一条与世隔绝的船和船上 50 多条鲜活的生命。

方向舵失灵了，联系通道湮灭了，漆黑的大海上看不到一丝亮光，比夜更漆黑的是内心。

刘士卫，望着似乎已经暴怒的大海，不知到了哪里，更不知去向何处。

扶着舵杆，声响扎心，抬起头望一望东北方的家乡，他长长地叹了一口气，淌下了眼泪。

这一年，他刚满 41 岁，18 岁的儿子在妻子的陪伴下正读高二，70 多岁的老母亲和大哥一家正准备着过冬的物资……

24. 呼叫直升机

杨久林，1955 年 8 月出生在渤海湾畔柳赞村的一个贫苦渔家，家中兄妹众多，没上过一天学，14 岁起就跟着父亲赶海、闯海。

2002 年冬，杨久林筹措资金，更换了自己原来的旧渔船，建造了一条新的木质渔船，全长 12 米多，发动机 22 马力，想着继续闯海谋生。

杨久林（左）向解解讲述当年的情景

2003 年春，曹妃甸开始建设。他还没来得及添置新网具，便被找来为上航局曹妃甸项目部运输海上物资及来回人员，被称为“跑交通”。

自此，他开始了新的劳动生活：每天驾船从通岛公路的一工区到三工区，在海上从事着“两点一线”式的工作。

10月10日傍晚，他刚吃过饭，准备回到船上休息。

望着海面上卷起的巨浪，听着刺耳的狂风，心想：在海上这么多年了，这样的天气可真没遇到过！嘿嘿，假如真的有谁在海上遇险了，那可咋办？谁敢出去营救，只能等死！

想着想着，他不禁打了一个冷战，急忙上床睡觉。

有句俗语说“想啥有啥”，一语成谶。

刚刚合眼，对讲机就响了起来，上航局项目部调度潘钟华要他赶紧到二工区九公里处接回那里的民工们。

随即，施俭、徐志铭也连续打来电话，要他立即接应九公里处的民工们，那里发生了险情，急待救援。

距离接人的地点虽然不太远，但顶着这样的风浪，一条动力不足的渔船，载荷也有限，肯定是困难极大。

杨久林思索着，从床上起身，感觉紧绷的铁锚缆绳不时发出“吱吱”响声，锚绳仿佛在一丝一丝地断裂。

潘钟华再次打来电话，声嘶力竭地喊：“潮水已经漫到路堤上民工们的脚下，民工们随时都有被海浪冲走的危险，抓紧时间驾船营救……”

听口音，潘钟华似乎还有话要说，但嗓子已沙哑得什么都讲不出来了。

杨久林意识到出大事儿了，赶忙走出船舱，要把铁锚拉起。

船上只剩他一个人，又没有起铁锚用的稳车，如果他下去拉锚，就没有驾驶人员，一旦铁锚拉起，驾驶室没有掌控船的人，后果很难预料。

为难之际，他想起同村来的刘学永就在附近避风，立刻打电话。睡梦中的刘学永二话没说，立即穿上衣服，跑了过来。

“学永，你负责驾船，我下去把铁锚搬起来，现在拉锚是不行的，风浪太大，铁锚拉不动!”

他让刘学永开动机器，快速披上雨衣，自己不顾一切地顺着船舷下水了。

刺骨的海水中，杨久林弯腰摸到铁锚，正准备搬起，突然一个巨浪打过来，把他冲出七八米远，又重重地拍在乱石堆里。

“久林，小心，有石头!”刘学永一边驾船，一边高声提醒。

杨久林强忍着疼痛站立起来，艰难地迈着双脚再次挪到铁锚处，慢慢弯下腰，蜷伏在海水中，不停地摸索着。十几分钟后，他紧紧地握住了铁锚，用力搬起，口中不停地喷吐着苦涩的海水，上下抖了几次，终于抱起那块近百斤重的大家伙，一步一步送到船上。

船，起锚了。

波峰浪谷，跌跌撞撞，一个多小时后，杨久林终于驾船抵达二工区九公里处。

快要接近通岛公路路基时，杨久林让刘学永拿着手电看一看遇险民工都在哪里。

在手电光和船上的灯光下，他俩惊得瞠目结舌：不足30平方米残存的堤坝上，人挨着人，人压着人，像一尊在狂风巨浪中搭成的人群“雕像”，汹涌的海水不时从他们身上、脚下窜过，贪婪地蚕食着那可怜的立锥之地。

缓过神来，杨久林急忙把船靠近“孤岛”边，喊着让刘学永去驾驶室。他站在船头，迅即把铁锚抛下，船固定好后，向着民工们喊道：“不要怕，赶快上船!”

伴随着呼喊，人挨人、人压人的“雕像”瓦解了。惊恐的人们，朝着灯光，手拉手，一步步挪向船只。

狂风和海浪不时地把长队打散或打乱，人们又不断地爬起来、站起来，汇聚在一起，凝聚成一座厚厚的挪动着的“人墙”，随着阵阵涌起的海浪推向杨久林的船。

晚上9点多，经过两个多小时的艰难救助，100多人陆续登船。

这100多人中，有13位女士，她们大多很年轻，来自安徽、河南、江苏等地，是跟随丈夫或亲戚来通岛公路工地打工的，虽然工作劳累、环境艰苦，但她们是带着对新生活的憧憬来到这里。此刻，她们身上的衣服早已被狂风撕碎，不得不和男人们拥挤在船上，随着猛烈摇摆，不时地相互挤压在一起。

这些从未经历海难的女人们啊，紧闭双眼，在惊涛骇浪中似乎忘记了尊严与害羞，为了仅有一次的生命，大家相互依靠、紧紧拥抱在一起。

浙江广宇曹妃甸项目部的李旭在船上拿着花名册开始点名，当点到一个女人的名字时，始终未听到任何回应。

喊了几次后，紧张起来，忙问民工们咋回事，有没有同事看到。

回答说，上船时没有看到。

最后确定，100多人中缺少一个！

李旭着急了，忙问杨久林：“老杨，这怎么办啊，没法交差！”

船上的人骚动起来，有的说几时几时还看到过，几时几时还听到过她的声音，顿时乱作一团。

长长的大堤，已是一片汪洋，哪里去找这个女人？

李旭看到在船的不远处还有一座乱石堆成的“小岛”，心想是不是困在那里了。

但朝着“小岛”上喊了几声也没有回音，于是，他挽起裤腿拿着手电要下去看看。

杨久林上前拦住说："不行，你不熟悉这里，又是大学生，还年轻，还是我下去看看！"

他一边穿雨衣，一边准备下船去寻找那个"失踪"的女人。

突然，船头传来一个男人的声音："船舱这里躺着一个人呢。"

原来，失踪者是一位30多岁的安徽籍妇女，风浪起时，没见过惊涛骇浪的她非常害怕，睁开眼哪里仿佛都在旋转，风也在转，浪也在转，晕头转向，呕吐不止，好不容易上了船，头晕得厉害，实在站不住了，便跌进了船舱，多亏下面有些被褥，一动也不动地躺倒了。她在里面，虽然能听到呼喊，但无力回应……

一颗颗卡在嗓子眼儿的心，这才咽进肚里。

望着满满一船人，李旭感觉已登上"挪亚方舟"，高兴地对杨久林和刘学永说："现在好了，赶紧开船回港吧。"

杨久林，一动不动。

长12米的小船，载着100多人，还有其他装备，明显已严重超载。

在这种恶劣天气下，若强行启动，船毁人亡的风险会随时发生。

深谙大海习性的他，心里非常清楚，眼下唯一的办法：原地停留，加固缆绳，等风小雨停再走，或等待救援到来。

说服李旭后，他们同时向嘴东项目部打出了紧急求救电话。

此时，风更大了。巨浪推着小船，一会抛向10多米高的浪尖，一会跌入几乎能见到海底的浪谷，人们惊叫的声音时时压过风声、涛声。船底发出无节奏的"嘣嘣"震响，海浪似乎要把这条小船在曹妃甸的沙滩上摔得粉碎。

曹妃甸海底的沙层是坚硬的，细细的黑白相间的流沙因海水长年累月的冲刷侵蚀，在没有外力的作用下，慢慢沉积成一道坚硬的沙层，下海人称之为“钢板沙地”。假如船行驶到“钢板沙地”，遇见大风大浪，会被托举起来重重地猛摔，运气不好的话，顷刻间便会散落大海。

杨久林停船的海域中，还有很多通岛公路施工遗落的石块，更加大了行船的危险。

他听着撕肝裂肺的撞船声，在对讲机前大声呼叫：“100 多人刚刚登船，风浪太大，船行驶不了，非常危险！”

他大字不识一个，听说过天上飞的直升机，在哪里都能起飞降落，声嘶力竭地喊：“船要摔碎了，100 多条命都在上面呢，请阿玛部赶紧派直升机来救我们，赶快啊！”

“阿玛部”，上海方言，指项目部，他听别人说过。

朴实的杨久林哪里知道，眼下，就算现代最先进的航空飞行器，在这样的天气里，也无能为力！

各种盼望，各种祈祷，纵横交错，烟雨迷蒙……

25. 掌掴自己

周成，江苏省南通市海洋工程有限公司曹妃甸项目部经理，私营企业主。

那一年，他 32 岁，负责通岛公路第三标段施工作业。他的项目工地上，有民工 200 多人，分别来自江苏、安徽、河南等地。

10 月 10 日下午，周成接到指挥部天气预报后，随即联系南通海洋工程公司总调度陈克喜，要他傍晚前一定要组织好民工回港避风，视情况有时间、有运力了，再转移到岸边，千万注意大风大潮走向，以免出危险。

返回嘴东渔港，见风雨不断变强，他赶紧又打电话给陈克喜，却怎么也打不通；随之又联系李旭，依旧不通……

心，立马咯噔起来，眉头拧成一个大疙瘩：是不是发生了意外？

无奈，他只好给孟凡帝打电话："孟总，通岛公路上的电话一个也打不通，怎么回事啊？你那里能联系上吗？"

孟凡帝回话说："打了几次也听不清楚，我用短信和岛上的杨义志联系呢！"

周成随即也采取短信方式进行联系，但是，一条条发过去，如泥牛入海，杳无回音。

急忙把项目部三人找来，说了一下情况。素常办事果断干练的他连连说道："怎么办？怎么办？"

负责项目部后勤的林海出主意："能否找一条船去通岛公路上看看？"

周成凝视着林海："能去吗？"

林海犹豫道："找找渔民们试一试，多……多出些钱……"

说完，连自己也不相信自己。

周成自从来到曹妃甸，十分注重了解当地自然风貌及风土人情。他知道在当地渔民中流传着"海上无风三尺浪"的渔谚，像今天这样的大风，几丈海浪都不止，出海无异于舍命，谁敢去？

可，200 多条命怎么办呢？

一连串的问号在他脑海中不停地闪现，额头上的冷汗不时地滴下来，全身激起阵阵鸡皮疙瘩。

他和林海对视着。对方突然转身，说准备找渔船出海。

这时，周成的电话响了，定睛一看，竟是陈克喜打过来的！

眼前顿觉一亮，急忙接通。

"大哥，那里的情况怎么样，快说！"

但是，电话呜呜啦啦，杂乱不清。

1 分多钟后，只听陈克喜断断续续地说："不行了！海洋 4 号、海洋 5 号船上人员已经转移到刘士卫的船上，但船的舵机已坏，失去了方向，船正随着大海浪漂流呢。我们十三公里处的人也非常危险！急等救援！”

话没说完，突然中断。

再次拨打，只发出“嘟嘟”的忙音。

再再拨打，依旧。

周成绝望了，死死地盯着林海，呓语般地说：“找渔民了吗？”

还没等林海反应过来，他给孟凡帝打去电话，把陈克喜汇报的情况说了一下后，慌乱地看看这看看那，又对林海说：“这样的天气让渔民出海，咱们是办不到的，风太大了，只有找凡帝大哥是唯一的求救希望啊！”

说完，又拨打陈克喜电话，仍是未通。

合上手机翻盖，“啪”的一声，重重地拍在办公桌上。周成抬起头，面向东南方向，举起右手，开始在自己脸上狠狠地扇起了巴掌。

啪啪啪啪！

声声脆响！

嘴里连连说道：“完了，完了，完了！”

风华正茂岁月的周成，何以在属下面前如此脆弱？

他太绝望了。这 200 多条生命里，大多是来自他家乡的亲戚朋友，包括他的姐夫，一旦出事，索连着多少个家庭啊……

26. 面朝大海

10 月 10 日的那个夜晚，对于施俭来说，可以用八个字来形容：终生难忘，刻骨铭心！

那一年，施俭才 38 岁，带着青春梦想从东海之滨来到渤海湾

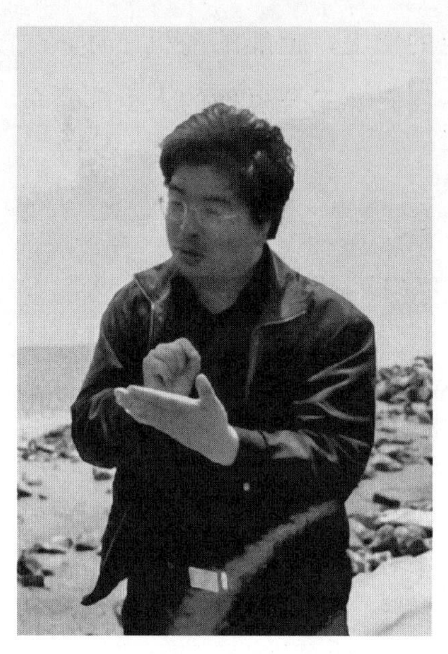
时任上海航道局曹妃甸通岛公路项目部经理施俭

畔，担任上海航道局曹妃甸通岛公路项目部经理。

上航局是有着百年成就与荣耀的大型央企，承载着新世纪的希望和唐山市委、市政府的重托，针对曹妃甸重大项目建设，多次组织召开专门会议研究部署，并做出承诺："一定要通过建设好唐山曹妃甸通岛公路工程，更响亮地打出上航局的创新品牌，不仅要确保优质，安全生产也要当标杆！"

局领导曾多次单独找他谈话，殷殷嘱托。

挥别家乡的那一刻，面对黄浦江畔上航局百年钟楼大厦，他立下了铮铮誓言。

可，现在呢……

重任在肩，人命关天。

在简陋的办公室里，他手持电话，来回踱步，猛烈吸烟，整个人像一只狂躁的豹子。

刚挂掉电话，又拨通一个号码，面对窗外，面向黑夜，莫可名状。

突然，大风把嘴东码头上的电线杆刮断了，渔港码头停电了，项目部停电了，漆黑的夜笼罩在冀东沿海这座渔港，犹如死神降临。

焦急中的施俭找到手电，招呼着项目部两个人，径直奔向嘴东码头。

此时的码头，已被吼叫的风浪声淹没。

施俭冒雨远眺咆哮的大海，一切都隐匿得无影无踪，一切都躲藏得悄无声息，只有魔鬼般恐怖的浪涛世界。

那么多熟悉的、陌生的面孔，都在什么地方？在遭遇怎样的折磨？

国企改革，职工下岗分流，无法就业，为了谋生跟随他漂洋千里的朋友；告别乡野生活，找关系、求门路务工的农民弟兄；跟随他战东海、下南海、鏖战长江多年的老部下和老同事……

在电话中，有的向他哭诉，有的留下遗嘱，有的喊叫救命……命归何处，生死难料，扑朔迷离！

施俭沿码头不停地走着，用微弱的手电光向着大海不停地摇晃，仿佛在呼唤他们归来。

冷冷的雨水已把施俭全身打透，猛烈的风吹得人几乎站不住脚，他全然不知。

只知道，无数的目光在凝视着他，期待着他。

猛然间，他举起双手大喊一声："你们要平安啊！"

又收起双手，合抱在胸前捶了几下，低头不语。

这时，孟凡帝的电话打过来，让他在项目部等着，说东莞市东江疏浚工程有限公司经理郭立凡的两条绞吸船联系不上了，20 多人仍在海上，也要过来找他。

施俭抬起头，任风浪声灌满双耳。

此时，夜如泼墨，绝望如泼墨！

第五章　集结号

天灾来临，全面停电。

光明顿失，信号中断。

孟凡帝、施俭、周成组成临时指挥小组，面对着一个又一个艰难的抉择。

政治责任、社会责任、历史责任、家庭责任，重任在肩，千钧一发。

那么多条人命，牵扯到那么多个家庭，谁能拿得起放得下？

情况紧急，不容思考！

怎么办？

怎么办??

怎么办???

27. 临时小组

10 月 10 日晚 9 时左右，孟凡帝顶着滂沱大雨，赶到海来福商贸货栈中心院内，与施俭、周成以及项目部其他人员汇聚在这里。

周成“哇”的一声哭了，“船都快被海浪撞碎了，杨久林哭喊着要飞机救命呢，大哥，你得想办法啊！”

都明白，话无须多说，只剩下焦急。

屋内十几双眼睛焦急地望着他，急切的话语不断地重复着。

急也没用，必须尽快找解决之道。

就这样，一个单薄的临时抢险小组成立了。

按照孟凡帝设计的方案：

一是尽快组织人进户找船长，能找多少是多少，最好多找大船，结队出海。

二是把码头上的照明尽快亮起来，保证通信用电。

三是海来福商贸货栈中心作为抢险指挥部，需要甚高频对讲电台，所有人员听候这里分配任务。

四是施俭、周成负责及时联系通岛公路上的人员，确定位置，及时反馈，通知出海渔船，准备好各种抢险物资。

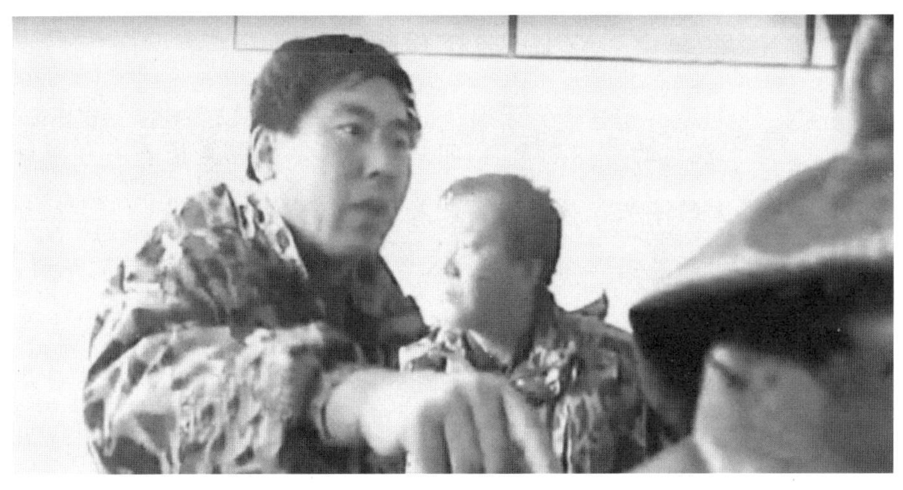

孟凡帝（左一）组织开展抢险行动

该方案是最科学的吗?

谁也不知道。

胜算几成?

更是未知。

然而，有一点毋庸置疑：这是目前条件下，他们能想到的最切合实际的办法。

人命关天，时不我待。

分秒必争，不容迟疑。

尽管，施俭背负着上航局的重大政治责任，周成背负着200多名民工生死存亡的重大社会责任，孟凡帝背负着一旦抢险失误将酿成次生灾害的重大历史责任。

尽管，无论哪个环节出现问题，他们都将承担命运不可承受之重!

尽管如此，只得如此。

不管不顾，不顾一切。

28. 匆忙夜行人

廒上渔村的“船老大”，闻名渤海湾，当地流传着一句顺口溜：“港上的浪头，林里的狗，廒上的驾长真少有。”

“港上的浪头”，说的是注入曹妃甸海域的青龙河、双龙河、沂河等河流的入海口两侧，都有一块被海水冲刷成的“沙滩地”，面积大约10平方公里，潮水涨上来是大海，退下去则是沙滩，因为沙质硬，渔民们称之为“钢板地”或“港上”。地形特殊，凸显大海，四周又是较深海沟，涨潮时形成的浪头格外奇特，不是一排排地涌来，而是在浪中间形成开花状，俗称

“开花浪”。这种海浪威力巨大，一旦遇到，船毁人亡，极易发生。

“林里的狗”，现在曹妃甸零公里处北侧的林雀堡，过去被下海人称为“林里”。很早以前，由于交通工具落后，滦南县杨岭、柳赞、柏各庄等乡镇的渔民去南堡、嘴东下海都是依靠步行。林雀堡是渔民们来回必经之地，因为渔民流动遗落的食物和渔获物，引来不少流浪狗或野狗至此觅食，它们野性十足、异常凶猛，让过路者闻风丧胆。

“廒上的驾长真少有”，下海捕鱼自古便是危险苦差，又要求具备航海、作业、识天气等多种出色本领。新中国成立前，廒上村人下海用的都是风帆船，他们八面风驶得好，技高一筹，每年渔获比外村都多，同时，良好的作业风尚、乐于助人的品格，深得沿海一带渔民称赞，使廒上村驾长在当地堪称一绝。

这些“驾长”，随着时代的变迁，都成了“船长”。

晚 10 点左右，嘴东渔港。

出海劳累一天的渔民们，因为恶劣天气，大多已早早吃过晚饭，或进入梦乡，或与亲人窃窃私语，或静静地听着窗外风雨鸣叫……

出海！救人！面对暴怒的大海，哪里去找？谁又敢去？

孟凡帝心急如焚地思考着、盘算着。

他在嘴东码头建有一座加油站，常年为下海的渔船和服务曹妃甸建设的运输船只加油，这里有职工四人，同村开出租车的桑正国也常年住在里面。

于是，他一个电话将在加油站值班的杨贵海、沈凤忠、孟庆荣招呼到码头上，同时把桑正国也喊来了。

桑正国驾驶面包车，按照孟庆荣在码头上确定的渔船，确定位置和船主后，载着杨贵海、沈凤忠分头去找船长。

孟庆荣是一个细心人，平日里上百艘渔船来加油时，他都把船号默默记住了，不用船东报名，就知道是谁家的船。

孟凡帝让他确定渔船船长，极其正确。

当时，嘴东渔港停靠着2000多条渔船及其他各类船只，因为大风天气都已回港避风，拥挤在不足5平方公里的港湾内，船挨船，船挤船，如若出海，非常困难。

这条船的主人他们认识，挡在旁边的可能就不认识了，当时船长又都不在船上，如果让其中一条船出海，需移动后面及左右10多条船才能离港。

他们拿着手电筒，在码头上寻找出海比较方便的渔船，然后把船号记下来。孟庆荣按照船号把船东的姓名告诉另外三人，让他们直接去找，这样就为抢险渔船最快出海争取到了宝贵的时间。

当他们走到船老大田向峰的网铺门前时，杨贵海大喊一声，敲了敲竹木栅栏。

突然，一条大狗狂吠着扑过来，多亏他年轻，一个躲闪，转身赶忙跑向面包车，加上桑正国、沈凤忠两人的阻挡，才使他躲过一劫。

然而，他还是受伤了：奔跑中撞到一根栅栏木桩，被划破的脸，血流不止，电光下，鬼怪一般。

上车后，杨贵海摁一摁伤口，风趣地说："可能是遇到林里的狗了。"

桑正国叹息一声，"快别说了，吓死人了，回去赶紧上药!"

杨贵海摇摇头，"没事儿，轻伤不下火线!"

继续按照提供的名单找船老大们。

嘴东临时居住区没有一条硬化路，车陷淤泥，行动迟缓。三人索性下车，拖着沾满黏泥的双脚，喘着粗气走着一段又一段路，实在走不动了，就扔掉鞋子，忍着被贝壳扎破的疼痛和危险，大步流星地咬牙前行。

……

码头上渐渐亮起一束束的光，也响起了船的发动机声。虽然微弱，毕竟有了。

29. 点亮码头

嘴东渔港，20 世纪 80 年代才初具规模，由于区位偏僻，距离城市较远，供电设施主要是保障照明用电。直到 21 世纪初，电力设施仍是十分简陋，破损老化现象严重，常年得不到维护。遇到恶劣天气，造成停电事故和次生灾害是常有的事。

此时，大风已经把嘴东的供电设施摧毁了。

据后来统计：高低压线路刮断 6.5 公里，占全部线路的 75％；损毁变压器 5 台，占总数的 35％，造成嘴东全区域停电。

照明没有，通信中断，生活不能正常进行，嘴东渔港成为“死港”。

当务之急，需要尽快恢复照明和通信，否则，抢险小组就是“聋子”和“瞎子”，甚至连最起码的饮用水都没有。

孟凡帝想到自己公司有一台小型发电机组可临时用上，立即给值班室打电话，让他们赶快把发电机组收拾好，以便来人取用。

廒上村的杨增岭、杨广顺两位年轻的船老大，常年住在嘴东小区。当他们闻讯要抢险救人，急切地跑来，主动地向孟凡帝请战：“我们俩去！”

说着，一边穿上雨衣，一边推开房门，消失在风雨中。

嘴东码头到方舟公司的距离大约500米，平时，杨增岭和杨广顺两位壮汉，抬100多斤重的发电机组肯定没问题。

但此刻，天黑路滑，风大雨急，每走一步都艰难无比，两人感叹道：“这节奏，好像要把嘴东吹跑啊！”

逆风前行，几乎喘不过气，为了加快速度，他俩索性把雨衣甩掉，任凭寒风冷雨肆虐，仍是咬牙坚持，把发电机组抬到渔港。

发电机组抬来了，由于输电线路损毁严重，即使发出电能也无法传送，还得找新电缆线更换接入才能实现供电。

孟凡帝望着不远处的滦南县二盐场大门，突然想起什么，赶紧打电话联系二盐场值班室，说明情况后，值班人员爽快答应让人来取电缆线。

还在喘着粗气的杨广顺和杨增岭来不及休息，又迅速地直奔盐场，不一会儿，就抬来新的电缆线和一些接线材料及器材，又亲自动手把损毁的电线更换好。

仅仅一个多小时，发电机组在黑夜里发出嗡嗡的声响。嘴东渔港码头上的灯亮了，中国移动、中国联通的铁塔信号灯也闪烁起来。

电，像快速流淌的血液，流向嘴东渔港的每一个角落。流到哪里，哪里就有光明；流到哪里，哪里就有生机与活力……

刹那间，码头灯火通明，死港满血复活！

30. 确定位置

21世纪初，我国现代化通信事业刚刚起步，手机使用还不普遍，大多以模拟信号方式进行通信传输，再加上当时信号传输塔还不完备，信号盲区较多，尤其是海上，仍然以高频对讲为主，覆盖距离较为有限。

去往通岛公路上抢险救援，首先要确定出事海域船只位置，这样才能精准实施。

如果是现在，使用卫星定位极为简单，但在那时，还大多依靠人的判断和视觉。

在狭窄而简陋的办公室里，孟凡帝、施俭、周成他们用手机与海上联系着，嗓子都喊哑了，依然听不清对方的话音，信号时断时续。

又拿起对讲机，里面呜呜啦啦，掺杂着风声雨声，犹如一窝蜂。

周成跑出项目部办公室，看了看天空，又折回来，继续给陈克喜打电话，而电话里还是发出“您拨的电话正忙，请您稍后再拨”的语音。

他紧握手机，围着办公桌走了几圈，猛然间“啪”的一声摔在办公桌上。

孟凡帝一边和已经到来的船长们说着出海的事，一边决定：现在最关键的是要把甚高频对讲机架设好，便于和海上的所有船只联系，要不然因为通信不畅会误大事。

甚高频对讲机是当时较为现代化的集群通信终端设备，具备“即时沟通，一呼百应，组呼通播，系统呼叫”的优点，在突发事件或进行调度指挥中，其作用是其他通信工具不能代替的。

之前，上航局曹妃甸通岛公路建设项目部为方便海上运输船舶通信，保证通信质量，不受其他渔船普通低频通信干扰，开通了甚高频对讲频道，为服务通岛公路建设的运输船只安装了甚高频对讲设备，在一个频道上集群式完成联络。

孟凡帝把杨增岭找来，因为他懂甚高频对讲机的工作原理及安装，对通信业务也熟悉。

“你看甚高频对讲放在哪里合适?”

杨增岭望望四周，发现码头岸边有一条破旧渔船，那条船虽已报废，但驾驶室还可以用，放置甚高频对讲机很合适。

按照杨增岭的建议，孟凡帝把杨广顺找来，让他们一道将甚高频对讲机搬进驾驶室，暂时作为海上抢险指挥部。

拉电线，接电源，支天线，电台打开了。

一试，呼叫功能时断时续，仍然达不到正常通信效果。

杨增岭急忙查找存在问题。经过一番苦战，十几分钟后，甚高频的呼叫实现正常。

杳无音信的通岛公路上，终于陆续传来了各个船只的回话声!

杨久林急切地呼叫着，陈克喜汇报着险情，潘钟华、李旭也都在，唯独刘士卫那边沉默不语。

刘士卫，你在哪里呀?!

此时，人们多么渴望听到他那浓浓的乐亭乡音，哪怕是一句抱怨或骂人的话也好啊……

第六章　战渤海

夜如泼墨，风雨交加，白浪滔天。

孟凡江自告奋勇，第一个出海。

随后，刚过完 18 岁生日的曹荣海也参战了。

乘风破浪，险象环生。

刘士卫和杨久林船上的 100 多条生命，终于迎来希望……

那是冰雪中的新绿，那是荒漠里的甘泉，更是刀尖上的舞蹈！

31. 第一条船

嘴东渔港从未发生过这样惊天动地的大事。在孟凡帝的召唤下，能赶来的人都来了。

孟庆来看到儿子焦急的模样，问：“有船出去了吗？”

孟凡帝回答：“来了几个船长，风太大，出海很危险，停在里面的船不好出港，正组织往外调度呢！”

人越聚越多，一个又一个村里的叔侄弟兄们，昔日的欢笑已不在，到处充满着凝重的氛围。

究竟让谁第一个出海呢?

当下首要任务是去探路，摸情况，尽快找到刘士卫，把杨久林船上的人救回来。

往日，这条海路是渔民们追求幸福生活、充满希望的坦途，而今却变成与“魔鬼”抢时间、拼生死的惊险路。

在簇动的人群中，闪出了一个身材魁梧的小伙子，只见他披着一件简单的雨衣，举起右手斩钉截铁地说：“哥，我是一名共产党员，我的渔船在码头外围，容易出去，通岛公路那里的海况我也熟悉，我出海救人去!”

孟凡帝顺着他熟悉的声音，猛然间看到，“小伙子”是他的亲弟弟孟凡江。

孟凡江退学后，跟着父亲常年在海上从事捕鱼作业，平日里不善言谈、质朴憨厚，却练就了一身好手艺，再加上人缘好、口碑佳，20出头便被推举为海外捕捞船队队长，管理着20多条船，在当地沿海是一名响当当的“船老大”，更因带领群众勇闯大海、勤劳致富，很快就被村党组织吸收为中共党员，并连续多次获评优秀。

风暴潮前的孟凡江一家人

看着孟凡江，孟凡帝的心猛地咯噔一下：弟弟是家中老小，父母对他疼爱有加，虽健壮如牛，但除了下海打鱼外，家里的活儿啥也没让他干过；再说他刚成家不久，儿子尚在幼年，现在偏偏要第一个出海，行吗？

孟凡江见哥哥犹豫的眼神，捋了一把脸上的雨水说："哥，还有啥说的，快让我去吧！"

话音未落，就顶着风雨，艰难地向码头上自己的船走去。

这时，电话响起来，孟凡江从上衣中掏出手机一看，是百里外的妻子李丽梅打过来的。

他问："丽梅，有事儿啊？"

"嗯，孩子发烧了，咳嗽得很厉害，你们爷几个都在嘴东，家里就剩妈我们娘儿仨，外面又大风大雨的，总这样不行啊，你看看能不能打个车回来？"

孟凡江边走边说："曹妃甸通岛公路上出大事儿了，几百名民工都困在了那里，我对那儿的情况熟悉，正准备出海营救呢，你和妈先给儿子喂点药再说吧。"

电话那头惊诧地叫道："啊，这样的大风天还出海？"

孟凡江的手不住地颤抖起来，压低声音说："放心，先别和妈说我出海的事儿，要不她惦记！"

说完，果断挂断电话，看了看漆黑的夜空，扭头望了望家乡方向，猛地转过身，又踏上了泥泞的海滩。

孟凡帝望着风雨中弟弟的依稀背影，扬起手大声喊："凡江，和我保持联系，注意安全！"

多年后，孟凡帝每次谈起当时的情景，眼睛里依然充满着泪光："当时，风雨那么吓人，凡江虽已长大成人，但在我眼里仍还是孩子，那天出海真是九死一生，从心里说我能愿意让他第一个去吗？但如果不安排他第一个出海，又怎能安排其他船长出海呢！"

孟凡江登船后，便招呼内弟李爱兵准备出海。

李爱兵，19 岁，滦南县胡各庄镇东梁各庄村人，高中毕业就跟着姐夫在海上捕鱼务工。

望着外面狂风暴雨，李爱兵不解地问："这么晚了，风雨又这么大，招呼我们干啥啊？"

孟凡江说："通岛公路上那边出事儿了，工人和交通船没来得及撤离，大哥让咱们快去救他们！"

李爱兵又问："去哪儿？"

孟凡江说："去曹妃甸通岛公路！"

李爱兵惊叫了一声，刚从船舱里出来，还没醒过神，就被大风刮了个趔趄。

孟凡江看出他和其他船工的心思，命令道："赶紧收拾一下，我发动机器，尽快出海救人。有我呢，没事儿，你们不要害怕！"

他不仅胆大，还特别心细。

2003 年的伏季休渔期，他在家没事，便利用这段时间到通岛公路项目建设指挥部用自己的船承担交通指挥作业。两个多月里，他把通岛公路的全部情况摸得一清二楚，哪个工段住着多少人，甚至哪个标段水中的石堆在哪里，都烂熟于心。

渔船机舱上的烟囱在夜幕中喷出颗颗火星。随着隆隆的轰鸣，驶出嘴东港湾。

按照哥哥提供的刘士卫险情及大概位置，孟凡江基本锁定了目标，尽管还联系不上人，但他大致知道应该去哪个方位寻找。

他的船有 20 多米长，是当时比较先进的 812 型木质大型捕鱼渔船，抗风浪能力和载荷量在近海作业渔船中是佼佼者。

然而，刚驶出嘴东河口，船上的人顿时都惊呆了：群峰一样耸起的巨大海浪，发出山崩地裂般的狂吼，十几米的海浪从东向西一排排地压过来，分不清波峰浪谷……

船，仿佛被一只无形的魔掌在狂浪中摇来摇去。

尽管发动机已经声嘶力竭，但根本感觉不到船是在向东行驶，还是在原地上下颠簸。

驾驶室里，李爱兵站在姐夫旁边，眼望着一波一波的狂涛巨浪不时漫过船舱，冲向挡风玻璃，船仿佛埋在水中。年少的他，哭了，战战兢兢地问孟凡江："咱们这是船，还是潜艇啊?"

说着慌忙抱住孟凡江的右腿，趴在船板上，头再不敢抬起。

孟凡江低头看了看李爱兵："别怕，有我在就没事儿，咱们的船比潜艇还厉害呢，抱紧我的腿!"

"姐夫啊，我还没娶媳妇呢，咱们还能回去吗?"李爱兵继续哭。

"哈哈，"孟凡江爽爽地笑了一声，"咱们一定能回去，等把人都救回来了，我和你姐再给你张罗媳妇，不仅要娶媳妇，还得娶个好媳妇呢!"

驾驶室里进水了。孟凡江让李爱兵坐起来，负责招呼船工过来，赶紧往外排水。

漆黑的夜里，孟凡江手握舵轮，瞪大眼睛，透过模糊的水幕，不住地搜寻着大海上的蛛丝马迹。

32. 越来越多

孟凡江的船出去了，施俭、周成似乎看到了希望。

他们一边与杨久林保持联系，一边与孟凡帝商量着怎么再派渔船出去。

夜里 10 点多，风更大，雨更猛。

杨贵海、沈风忠、桑正国回到码头上，向孟凡帝汇报了通知船长们的情况，随即和孟庆荣一道来港湾帮忙调度出海渔船。

此时，码头上已人头攒动，大多是廒上村的船长们。

2021年10月11日，在曹妃甸“10·11”海上特大风暴潮大抢险18周年之际，滦南县南堡镇党委、政府组织开展纪念活动。因多种原因，当年很多救人英雄没有到现场，其中出席活动的12位英雄，动情地回忆起那天的情景。

曹荣海，滦南县南堡镇廒上村人，现在唐山方舟实业有限公司上班。

那天，他刚过完18岁生日。听说晚上有大风就早早地回港了，当时就他和几名船工在船上休息。

以下是曹荣海的描述：

晚10点左右，孟凡帝打来电话，问我在哪里，我说在嘴东渔港码头船上，他说船能不能出去，我看到风太大，浪也很大，出海肯定危险，就问孟凡帝：‘叔，出海干啥啊?’他和我说了曹妃甸通岛公路上的危急情况后，我立即就答应了，啥也没想。但是，我爸回家了，出海需要驾驶人员，船工也不会，我还不是多熟练，于是，我问还有别的人吗。孟凡帝告诉我还有人跟我去。我就发动起机器等着到来的人，不一会儿，周士珠、杨义善他俩急忙跑来找我，我们就一起出海了。当时，凡帝叔让我去的是通岛公路九公里处。

田向武，时年32岁，滦南县南堡镇廒上村人。

那天傍晚，我早早地从码头上回家睡觉，天实在太糟糕了。大概夜里10点来钟，杨贵海、沈凤忠他们招呼我要我去码头上，也不知啥事，起来后就直奔过去，见到孟凡帝后，看上去他很是着急，旁边围着十几个人，我也不认识，从他们的交谈中知道，通岛公路上那边出事了，必须赶快派船出海救援。这时，我哥田向峰他们好几个船长也都到了，气氛很紧张。孟凡帝给我们安排了一下，让快把船从码头上调度出来。我和哥哥的船在码头外边，出海方便，不一会儿，方舟公司船队驳船船长孟庆合、杨成金他们几个分别登上了我们哥俩的船，因为他们对通岛公路海域熟悉，迅速按照指定海域出海了。

……

不讲条件，争相出海。

那天晚上的场景，让施俭极为感动。

虽然，很多人他并不认识，或者只有一面之交，但一个个平凡的名字，多年后在他心里仍是闪闪发光：孟凡江、周士珠、曹荣海、杨义善、曹友宝、桑福贵、田向峰、田向武、杨成金、孟庆平、孟庆合、桑炳珠……

没有出过海的沈凤忠回忆说："当时，我是一名供销社系统因企业改制下岗的职工，从未下过海，对海上的情况不熟悉，对渔民的事也不了解。那天晚上，孟凡帝找到我后，我便跟着杨贵海坐着桑正国的车挨户找船长去海上救人，我们不论到哪家说明来意后，他们都非常爽快地答应，没有一个迟疑的，更没有一个讲啥条件的，收拾一下马上就去了码头。我非常感动，因为这是我第一次经历那样大的事情。凡帝确实了不起，在他的组织下，一个多小时就有 20 多名船长陆续到达，同时，又有 120 多人的队伍参与到救援行动中去。"

简陋的组织形式，简单的救援方法，单薄的救援力量，即将与特大风暴潮展开殊死搏斗！

33. 寻找刘士卫

孟凡江驾船在海上行驶两个多小时了，但通岛公路的影子还是遥不可及。

于是，他让李爱兵和船工站起来，在驾驶室窗前帮忙搜寻。

他们借着船上的灯光看到，昔日高高的路基，早就被海浪摧毁成残垣断壁、石堆瓦砾，土工布更是被撕成缕缕碎片！

眼前的这一切，一种不祥之兆顿生脑海。他扶着好像不听使唤的舵轮，嘴里不停地默念着："刘士卫，你在哪里？你在哪里呀？……"

孟凡江在对讲机里的呼叫声，时时被涌来的潮水声打断湮没，但在出海前，哥哥叮嘱的话语依然清晰无比："一定要尽快把刘士卫船上的60多人救回来！"

孟凡江把对讲机都快喊碎了，里面除了哇啦哇啦的杂音外，就是可怕的静默。

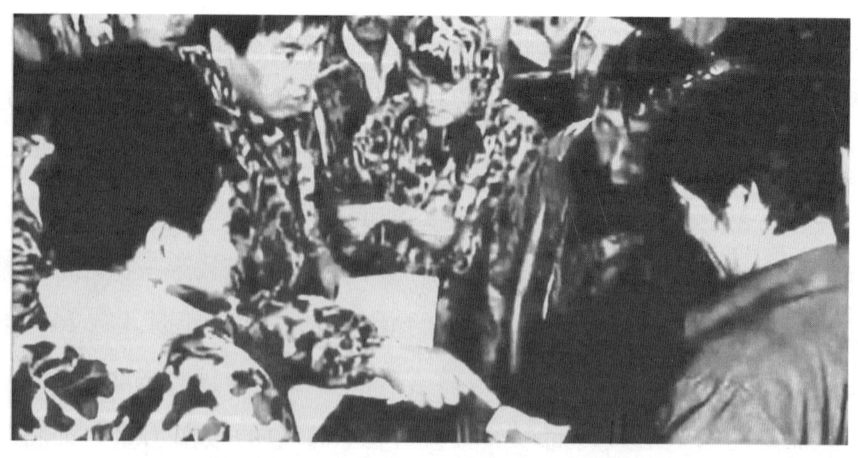

孟凡帝（左二）、周成（左三）组织船长们出海抢险

巨浪滔天，望眼欲穿，一无所获。

突然，在乱石堆旁，在船的灯光下，孟凡江发现了很多漂浮的木板和帐篷。

他的心顿时颤抖起来：刘士卫的船是不是遇难了，不然，咋有这么多碎木板?

急忙让李爱兵捞上来一块木板，仔细地看了看，断定那不是船上的木板，而是被海浪打碎的木板房木板，因为上面没有船上惯用的齿合卯榫状和船用油渍。

他迅速驾船掉转方向，沿着通岛公路西侧，顺海潮向西南继续寻找。

凭借多年的海上经验，他认为如果刘士卫的船出了事，多半会顺着大风方向漂往西南，早已离开了哥哥他们先前提供的位置。

又行驶了大约 3 海里，隐隐约约，孟凡江发现西南方大海上似有灯光跳动，一会儿沉入海浪中湮灭，一会儿又浮起来闪亮……

那是不是刘士卫的船呢?

遂加大油门，靠近而去。

这次，他们判断对了!

关于此次救援过程，10 年后，已是儿女双全、靠辛苦打拼过上幸福生活的李爱兵，闲暇之余写了一篇回忆录，把那一段历史真实地记录下来。

摘录如下：

今天（2013 年 1 月 28 日），旧历年快到了，江苏的朋友小健打来电话说，因家中有事，年前不来河北看望姐夫（孟凡江）和我了，等年后，他来曹妃甸打工再来看我们。朋友小健每年都来看望我们，和我们联系已经整整 10 年了，从未间断，彼此间就像亲兄弟一样。我们相识于2003年“10·11”那场特大风暴潮，我和姐夫把他们从刘士卫的船上救下来，触景生情，结下友情。

那天晚上，不知费了多大周折，在嘴东河口外20海里的西南处终于找到了失联船只。当时，刘士卫看到我们，就拿着手电站在船头上，猛地摇晃起来，在手电光地来回照射下，只见刘士卫的另一只胳膊也在使劲扬起落下，看着那个焦急劲儿，语言是无法表达的。

姐夫驾着船及时地靠近了他，大声地喊：“你是刘士卫吗?”刘士卫赶忙回答：“是啊，是啊，我是刘士卫啊!”姐夫说：“好的，你别着急，我马上靠上去。”他一边喊着，一边驾船前行。突然，一个海浪猛地推着我们的船撞向了刘士卫的船，千钧一发之际，姐夫握着方向舵，来了个猛旋转，蹭着刘士卫右侧船舷，“唰”的一声冲了过去。假如两船相撞，定会粉身碎骨，因为风和浪太大了，吓得我身上直冒冷汗!

姐夫又把船头掉过来，看着刘士卫的船也发愁了，他的船没有方向舵，只是靠铁锚固定，还时不时地被海浪冲着走。当时，全凭我们来把握，如果靠得太近，风浪太大，怕出危险，靠的太远呢，刘士卫船上的人就上不来，真是犯难!

姐夫不愧是下海高手。踌躇之间，加大马力，把船驶到刘士卫船的右侧，这样能减小风浪冲击，而且从刘士卫那边到我们船上是顺风方向，也方便些。他又让我们三人准备好三根缆绳和“弯子”，每人拿着一根，作为顶船用的工具，避免两船相互碰撞。

海上的风和海浪太大了，我们哪能站得住啊！排排海浪撞击着、冲刷着我们的船，海水和船混在了一起！

姐夫打开了驾驶室的前玻璃窗，借着船上的探照灯以便看清前面的一切。当时我还在驾驶室里，只见刚打开玻璃窗，一股又腥又涩的海水从窗口猛地喷涌进来，顿时，姐夫和我都成了“水人”，但是，姐夫还是那样从容淡定、临危不惧，驾着船慢慢地靠近了。

船终于靠上了。姐夫喊叫着快把缆绳扔到刘士卫的船上，让刘士卫把两船紧紧地绑在一起。这样就使两船形成一体，不易起伏，船之间也更平衡了，方便救援。多亏刘士卫也是下海的好手，他麻利地把扔过去的绳索牢牢地系在船的带缆桩上。

我站在起伏不定的船上观察对方，除了刘士卫，一个人也没见，很纳闷：他船上的人呢？

过了一会儿，只见刘士卫从驾驶室里踉跄地走出来，手里拿着一把斧头，走向船舱盖子那边，用力地敲击着，敲了几下后，把盖子揭开，随即冲着舱喊道：“大家快上来吧，救咱们的船来了，也别害怕了！”

不一会儿，里面的人战战兢兢地一个接一个地爬上来，几乎都没有穿啥衣服，非常单薄，冻得瑟瑟发抖，很是疲惫，看上去比灾难电影演得还要惨——在外打工真不容易啊！人在大自然面前多么渺小，生命多么脆弱！

登上我们的船是很不容易的，他们要顺着递过去的缆绳使劲抓紧，再一点点爬过来。我们则必须用力往船上拽。那些都是没下过海的民工，特别惊恐，尽管两船已经紧紧地绑在一起，但是，风浪太大，上下起伏得还是很厉害，很不稳定，稍不留神就会落入海中。

姐夫不停地大声喊着刘士卫，让他把船缆绳捆得再紧点、再紧点，又让捆起两块木板搭在船之间，这样就形成了一条简易通道。随之，姐夫又急切地告诉我们，过来的要及时安排进船舱，免得再冻着。

每过一人都艰难万分、如履薄冰，爬过来的民工面色苍白、困苦不堪。姐夫一边驾船，一边指挥着我们照顾大家赶快进舱，并且给他们盖上被子或棉大衣。

刘士卫船上还剩下一部分体弱或胆小的民工，双手死死地抓着船舷，在船舷边愣愣地看着，左顾右盼，不敢迈出一步。他抄起一根竹竿大声喊道："等死啊，不过去就是死！壮壮胆子，站起来，赶紧爬过去！"说着，挥起竹竿，硬是把十几人赶到船舷边，逼迫着让他们爬过去了。

这时，就剩下一个身体单薄的小伙子，他在船舷边抬起脚迈了几次，又都害怕地缩了回去。我喊了一声："别怕，大胆地过。"谁知在他攀爬的那一刻，突然涌来非常大的海浪，两船同时上下起伏分离，他没有掌握好船与船的间距，只见一个趔趄，落入大海！

我们都担心极了，慌乱中听到船上的一个人喊："小健，那是小健，快救小健，小健落水了！"姐夫听到喊声，看到了在海水中死死挣扎的那个年轻人，赶忙让我和另外两个船工找来几条缆绳，一起拴上救生圈，扔向海水中的小健，又让刘士卫松开两船系的缆绳，把自己的船顺着海潮方向行驶到了小健漂流的下方，便于他抓住缆绳和救生圈及时上船。

小健的命真是大。我们在船上感觉扔出去的缆绳像鱼钩一样被拉动，知道一定是小健抓住了绳索，我们什么也看不见，只是用力地拉，最后终于把小健从死亡线上拉了回来。

后来才知道，喊小健的是他亲哥哥——哥俩是来曹妃甸通岛公路项目工地打工的，他们是南通海洋工程公司的民工。

小健被拉上船后闭着双眼不省人事，他哥哥抱着他拼命呼喊，我把剩下的一条棉被拿来给他盖上，又把他抬进机舱，因为有机器的发热，相对更暖和点儿。

过了片刻，小健终于苏醒过来，睁开了双眼，哥哥抱着他朝向南方大声哭喊着："爸，妈，我们没有死，我们遇到了好人!"喊完，竟然来不及看弟弟，转过身跪在姐夫面前，双手过顶，不住地磕起头来，连连说："到死我们也不会忘记你的救命之恩!"

最后，刘士卫船上的人都被救到我们的船上，也不知道是多少人，船舱里、甲板上、驾驶室里都挤满了，姐夫驾着船，载着被救的民工们，还拖着刘士卫的船，从曹妃甸出事海域驶向嘴东渔港。

从那以后，小健和我们交起了朋友，彼此越相处情谊越深。他们哥俩总说："是孟凡江、李爱兵给了我们第二次生命，我们一生是不会忘记的。"

十几天后，刘士卫又来到嘴东渔港，想看看他那被拖进修船厂的船，准备修好后，开回故乡乐亭县渔港。

整整一年多，他在这片海域跑来跑去，经此一劫，胆战心寒，却又恋恋不舍。

刘士卫站在嘴东渔港码头眺望着东南方向，他知道那天晚上他的船就漂流在嘴东河口外20海里左右的地方，那是被当地下海人称为"拆船沙墙"的不远处。墙的后面就是嘴东海域的"港上"。他的南侧是一条东西走向的硬质沙墙，沙墙柔中带刚，刚中成墙，沙墙前面黝黑的海水，深不可测，异常恐怖，又被年轻的下海人称之为"曹妃甸的百慕大"，船一旦撞到沙墙上便会"十遇九遭"，粉身碎骨。

在滦南县采访时与抢险英雄代表合影

左起：曹荣海、周世珠、孟凡帝、李春雷、孟凡江、李爱兵

那天晚上，刘士卫的船距此还不到 1 海里，再有十来分钟的时间就会撞到那可怕的“沙墙”上。想到这里，刘士卫远眺着大海，额头上冒出滴滴冷汗，吁了几口长气，双手不住地颤抖起来。船上那是 60 多条性命啊，真是多亏了孟凡江这个好兄弟啊！没有他，我们早就魂落大海，葬身鱼腹！

多少年来，他一直在海上和渔船相伴，养家糊口，从未干过其他行业。

如今，抚摸着已经褪色的舵轮，他咬了咬牙，毅然决定把船卖掉，不干了！

面对笔者的疑问，刘士卫憨厚地一笑：“大海太厉害了，我能活到今天非常幸运，那是因为遇到了大贵人，不去了！”

自此，他告别大海，回家务工、种地，敬老爱幼，过着淡淡的田园生活。

34. 母亲的眼泪

杨久林的船，仍在大海的波峰浪谷里上下“跳跃”着，一会儿冲上浪尖，一会儿跌入浪谷，船底下发出“嘣嘣”的撞击声，且一阵高过一阵……

船上的女人们在生死面前，更显得无能为力，惊恐万分。

有人在惊叫，有人在呕吐，有人边叫边吐，她们死死地抓着不知是自己丈夫还是陌生人的胳膊，紧闭双眼，脸色蜡黄，死一般地躺在船舱中，偶尔以绝望的眼神瞥一下那个魔鬼般的海上地狱。

呼叫直升机已成奢望，眼下最大期盼就是锚绳别断、风浪小点儿，救援船快快到来。

时间过得太慢了，像乌龟在爬，像蜗牛在动，内心煎熬，度日如年。

他们不知道，此时，曹荣海驾船和周世珠、杨义善一道已从嘴东渔港驶出来近两个小时了，周世珠和杨义善艰难地站在两侧甲板上，挥动双手，指挥着渔船向通岛公路遇险船只方向踯躅行进。

海浪早把驾驶室的前窗玻璃打碎了，海水不住地涌进来，曹荣海紧紧地握着舵轮，任汹涌的波涛一阵一阵地扑面袭击。

周世珠和杨义善，一会儿被盖过来的巨浪打个趔趄，一会儿迎着狂风再爬起来，海水海风，冰冷刺骨。他们俩瑟瑟发抖，但不住地挪动着，以激活体内的热量。

夜色中，杨久林猛然看到灯光依稀闪耀，赶忙拿起对讲机喊道：“喂，你是从嘴东来的船吗？我是杨久林，正在你的前方！”

这一声呼喊似炸雷响遍全船，人们骚动起来，兴奋起来，不停地呼叫：“有船救我们来了！”

曹荣海听到了，加大马力，乘风破浪。

杨久林趔趔趄趄走出驾驶室，对大家高声说：“别着急，也别害怕，救咱们的船来了，小心登船时别出啥事！”

船上安静下来，有的男人在拥挤的人群中来回挪动，眼睛不停地扫着人群，好像在寻找自己的亲人或爱人……

那些呕吐不止、躺着的女人们，望着杨久林，目光里充满生存的希望。

曹荣海驾着船靠近了。

但是，到了近处才发现，杨久林的船是一条小船，而自己的船很大，在海中高低相差太多，还被风浪推得起伏不定，两船相撞的危险随时发生，若要登船转移，绝非易事！

周世珠、杨义善也为难起来，风浪这么大，船又这么高，他们咋上来啊？

杨久林发动起机器，向他们俩喊：“别急，我先来。”

只见他驾船顺着曹荣海的船慢慢地从右侧驶到左侧，这样能让人顺风上船。并让刘学永迅速抛下铁锚，把船固定好，大喊一声：“快上船！”

顿时，人群乱了，不约而同，争先恐后，风雨中一片手的“丛林”，来回晃动着，喊声、风声、涛声交织在一起。

这样下去，船会失去重心，有发生倾覆的危险。

周世珠急了：“别争抢，有顺序地上船，让女人先上！”

拥挤的男人们陆续退去了，让女人们睁大眼睛、抬起头，相互搀扶着走上前依次上船。

周世珠、杨义善趴在船舷上，伸出手一个又一个地拉，任海浪把他们全身打得湿透，筋疲力尽更不必说，只是强忍着、坚持着，救人、救人……

突然，一个涌起的巨浪吼叫着从船头上猛地向周世珠砸来。顿时，他被海水吞没在甲板上。还未站起，又一个巨浪从右侧船舷上打过来，把周世珠抛向船舱盖板，顷刻间，他眼前发黑，疼痛难忍，紧握双拳，彻底躺倒。

杨义善见状，扑向前去，赶忙扶起周世珠，只见他紧闭双眼，表情抽搐，痛苦不堪。

“世珠哥，世珠哥……你没事吧?”杨义善急促地连连呼喊他的名字。

“我躺会儿就会好的，你快救人去。”周世珠闭着眼回答。

在船舷旁想站起来，突然又一个狂浪扑打而至，把他呛得再也动弹不得。

杨义善赶忙背起周世珠进了驾驶室。

曹荣海扶着舵轮高声说：“这里有我呢，你快去拉他们上船!”

杨义善望了一下窗外，咬咬牙，又冲向船舷边，继续匍匐着和刘学永一道，拉着民工们一个又一个上船。

一个多小时后，杨久林船上的近百人全部被转移。他不再因为超载会导致船毁人亡而担心了，当看到周士珠已经强忍着疼痛站在驾驶室旁时，杨久林两手竖着大拇指说：“老弟啊，赶快休息一下，你真是个棒小伙儿!”

周世珠没有说什么话，会意地挤出一丝笑容。

杨久林收拾了一下自己的船，长出一口气，目送着曹荣海的船载着 100 多人消失在回嘴东渔港的大海上。

随即，匍匐在船头朝着曹荣海船行驶的方向连拜三下，磕了三个响头!

从湿淋淋的衣裤中掏出手机，打开一看，妻子已经拨了 33 个电话，他一个也没有听到。

擦擦脸上的水，不知是汗水还是雨水，或是海水，定了定神，赶忙回拨过去。

那头传来妻子急切的问话："你在哪里啊，为啥打电话不接?"

他说："回去再说吧，我没事儿，还在甸上，手机信号不好、听不清。"

便挂断了。

杨久林和妻子相濡以沫 20 多年，从未撒过谎，那个晚上却破例了。

什么叫"没事儿"啊，从生死线上刚爬出来，狂涛巨浪，夜色漆黑，威胁还在。

但是，这些实话能说吗?

若非，她会一夜无眠，甚至带着两个女儿顶风冒雨来找他……

为什么杨久林没有随曹荣海离去?

多少年来，他一直没有说。

笔者猜测，很有可能，他舍不得自己的船，船虽小，但值好几万元呢，那可是他们全家的命根子。

在风暴潮中，他的船被海底乱石撞破漏水，仍想尽办法，坚守了一天两夜，直到通岛公路上的民工全部安全撤离后，他才准备回家。

杨久林随身携带着一个蓝色的包裹，那是他第一次跟随父辈到海上捕鱼作业时，母亲在他临行前亲手缝制的，虽说不时尚，深蓝色已经褪成蓝白色，但 30 年来一直贴身跟随他，始终舍不得扔掉。夏天，蒙在头上遮挡暴晒的阳光；冬天，系在头上抵御寒风吹袭；除此之外，还可以当行囊用，把一些物品藏在里面。

他说："包裹带在身上，好像母亲就在身边，一直保佑着我!"

朴实的话语，简单的物件，观之闻之，令人动容。

10月12日的上午，他在大海上几经周折，终于找到船友桑献礼时，“哇”的一声哭起来。

桑献礼问：“久林，咋的了，你哭啥?”

杨久林没做任何解释，可眼泪还是止不住地涌出来。

“咱们这里救的人都上岸了，现在该我回家了，你把我送上岸，我回家!”

桑献礼知道，他的船坏在这里，已经两天两夜，家人快把他的手机打爆了，都在等他这个“大活人”回来。

于是，红着眼圈，默不作声，埋下头发动机器，眼泪也一颗一颗地掉下来。

经过两个多小时的艰难航行，曹荣海驾船终于在11日清晨7点多抵达嘴东渔港。

看到渔港的那一刻，他只觉饥饿、困乏、寒冷。

赶忙和周世珠、杨义善把船上的人安顿在海来福商贸货栈，看到民工们吃饭、休息后，才长吁一口气。

他把船交给等在码头上的父亲曹友宝，以备再次出海救援。

回到家，母亲看到儿子浑身湿透，耷拉着头，光着双脚，惊讶地问：“荣海，你这是干啥去了? 咋弄成这样子?”

说着，母亲哭起来。

曹荣海有气无力地回答：“出海救人去了!”

母亲又问：“救啥人去了?”

他再顾不上说话，脱下湿漉漉的衣服，换上棉衣，奔向厨房，拿起一包方便面，大口大口地嚼起来。

母亲端来一杯热水，等他喝下，又问。

始终没有得到回答，过了会儿一看，倒好，曹荣海早已呼呼地睡着了。

曹母，一位朴实的渔民，待人处事和蔼可亲，也是一个热心肠人，直到后来才得知儿子顶着大风大浪去曹妃甸救人的事情。

每每谈起那一大早的情景时，泪水就忍不住流下来，说孩子当时实在是太小了，还不足19岁，驶着大船去救人，当爹妈的真是舍不得……

海水和泪水都是咸的，含盐量都高，前者来自大自然，后者来自内心世界。

有首歌这样唱："笑容太甜，泪水太咸，山盟海誓到了最后难免会变。"

或许，太绝对了吧。

这世上，总有一些东西恒温恒湿，像灯盏永不熄灭，像星辰永不坠落。

35. 失联的绞吸船

通岛公路18.447公里施工工地上，集结着大江南北各路建设大军，其中包括来自东莞市东江疏浚工程有限公司的两条小型绞吸船。

这两条船在总经理郭立凡的带领下，跨越长江、黄河，带着南国风情来到渤海湾畔，参与曹妃甸建设，主要是进行"堤芯砂"作业，即公路两侧的"袋装砂"堤坝垒砌后，对中间进行路基吹填。

10月10日傍晚6点多，绞吸船停泊在通岛公路六公里处和七公里处海域，突然被五六米高的海浪撞击得摇摆不定、上下颠簸。

20多名员工望着波涛如怒的海面，惊恐万分。他们都来自广东、广西一带，虽然见过台风，但那都是热带气旋形成，远不是当下寒冷的风暴潮，躲在船舱中仍然感觉寒气袭人。

郭立凡在嘴东渔港码头上艰难地踱着步，不时抬头眺望漆黑一片的大海，用电话频繁地询问着绞吸船上的情况。

“你们船上怎么样？海上风这么大，能不能坚持啊？”

1号船船长回答说：“风如果不再加大，还可以，现在船摇摆得很厉害，时间过长怕有危险！”

“嗯，坚持一下，我看能不能想办法，把你们接回嘴东渔港。”

随之，又急切地拨通2号绞吸船船长的电话。

2号船，装备落后，使用年限较长，抗风浪能力非常弱，在南海、东海海域已不敢再用该船进行吸沙作业——今晚遇到这样的恶劣天气，郭立凡感觉很是不安。

“喂，船长，怎么样？”电话通后，他赶忙问。

“船摇晃厉害，风浪太大，我们想利用自备小艇撤到1号船上，那边安全点儿！”船长回答。

“好，一定要注意安全，注意保暖，气温太低，咱们员工受不了，千万注意啊！”郭立凡连着说了几个“注意”，才惴惴不安地结束通话。

风雨中，他跌跌撞撞地来到嘴东上航局项目部，心一直在怦怦跳。

摇摇欲坠的简易板房内挤满了人，有认识的，也有不认识的。

施俭见郭立凡走进屋，赶忙上前抓住他的胳膊。“立凡，两条船没事吧？那里有多少人？现在哪个位置？”

郭立凡一一做了回答。

施俭听完，头向一侧低下去，抬起右手，重重地放在胸前，“唉”的叹了一口气。

接着又说：“注意保持联系，你看凡帝已经来了，正在联系码头上的渔船准备出海营救遇险民工呢！”

望着施俭、周成他们一副副愁楚的面容，以及屋内乱成一锅粥的样子，郭立凡双手合掌抬起，转身向孟凡帝说道："孟总啊，求你了！"说完忐忑不安，恍恍惚惚地走出项目部的简易房。

刚出门，立马感觉到风力加大了，雨也猛烈了许多。

此时，已是9点多钟，风雨如晦，波涛如怒，一种强烈的恐惧感陡然间升腾起来。

猛然，电话铃声响起，郭立凡赶忙一看，来自2号船船长，心不禁"咯噔"一下，瞬间跳到嗓子眼儿里。

"郭总，不好了！海上风力太大，船被海浪撞击得太厉害，像散了架一样，要撤到1号船上去也很困难，怎么办啊？"船长在电话中大声号叫着。

风声雨声混杂在一起，再往下根本听不清船长的声音，但他心里明白，2号船一定是危险了。

于是，他赶忙跑到简易板房旁边一个较为偏僻的角落，那里相对安静一些。想再联系两位船长，然而，电话拨了几次，都无法接通。

郭立凡急了，疾步跑到施俭跟前，目不转睛地盯着他，却怎么也说不出话。

施俭忙问："立凡，怎么了？"

郭立凡"哇"的一声哭了，断断续续地说："联……联系不上了！"

施俭"啊"了一声，瞬间明白，一定是1号、2号绞吸船出问题了！

"什么消息也没有吗？"施俭依然抱着幻想追问。

只见郭立凡痛苦地摇了摇头，灯光下，颗颗泪滴挂满脸颊。

沉默，可怕的沉默。

施俭两步变成一步跳到孟凡帝的跟前。"凡帝，情况危急啊！绞吸船上还有 20 多人啊！”

“孟总啊，救救我们吧！”郭立凡把双拳紧握在一起，不住地在胸前上下摇动。

孟凡帝眉头紧皱，双目凝神。

孟凡帝拉起郭立凡的手说：“风浪再大，只要能出海，一定要救人！你再联系一下那两条船，只要联系上，就可以找准位置，救回他们！”

郭立凡这才醒过神来，立即从衣兜里掏出手机联系。

但，回音却是：“您拨打的电话已关机。”

电话从他颤抖的手中滑落下来，身子不住地晃起来。

“郭总，别这样啊！我们一定会出海把他们救回来！”孟凡帝扶着他大声说道。

“但愿……是死是活给我个交代……”木讷的郭立凡断断续续地说完，闭上双眼，躺倒在项目部办公室的长木椅上。

那不是无奈地躺倒，而是晕厥了！

2023 年 10 月 11 日，郭立凡从广东东莞到滦南县城参加纪念“10・11”海上大抢险 20 周年活动，见到了久违的孟凡帝、孟凡江两兄弟，谈及当年的现场情景，仍是泪如泉涌，失声痛哭：“我当时晕过去了，感觉真的没活路可走！20 多条生命啊！那是我在那次风暴潮事件中第一次晕厥，后来还有一次，我真是经历了一场生死大考啊！”

郭立凡（左）和孟凡江参加纪念“10・11”海上大抢险 20 周年活动时合影留念

36. 再传险情

10 月 10 日深夜的嘴东渔港，人声鼎沸，灯光闪烁，完全打破了往常暴风雨下空空荡荡的沉寂。

“曹妃甸出事了！”

杂乱的话语在码头上一遍遍响起，各种传言、揣测、判断交织在一起，犹如头顶浓重的乌云。

风雨中，孟凡江驾驶着渔船载着已经获救的 60 多人返航途中。

他小心翼翼地驾驶着渔船前行着，不时地望一望眼前似乎暴怒的大海，往日通岛公路上人山人海的壮观景象不时地浮现在他眼前。可眼下？他不禁在心里深深地打了一个大大的问号。

他拿起对讲机又联系上哥哥孟凡帝说道：“哥，刘士卫的船已找到，人已上到我船上。但我看到，通岛公路几乎都被冲毁，残存地段一步步被海浪吞没着……”

临时指挥部所有人的脸色唰地一下变白了，他们只知道海上风大浪大，万万没料到通岛公路损失这么严重。那可是民工们的生命线啊！一旦路基被毁，又得不到及时救援，后果不堪设想。

一工区、二工区、三工区、灯塔下……整条路基上的人员分布状况，在孟凡帝、施俭眼前一一闪现。

虽说救回了 100 多人，但还有 200 来人下落不明，更何况东江公司两条绞吸船上的 20 多人仍处在失联状态……

究竟有多少啊？各是什么情况？

头皮发麻，汗毛倒竖！

夜里 11 点多，孟凡帝的电话响起来，是灯塔下杨义志打过来的：“这里情况很危险，浪高足有十几米，我们住的板房东侧已倒塌三间，武汉二航院20多人和市交通局的几个人也都已到我们这里，现在无法撤离。”

放下电话，孟凡帝的心更加沉重。

曹妃甸岛是渤海湾海拔最高的岛屿，百年来都没有出现过潮水淹没岛的灾情。现在甸头上都上水了，可见风暴潮极其凶猛！现在，不仅杨义志他们撤离很不现实，就算派船去救援也难以登岛。

想到这，他赶紧又联系杨义志：“一定要做好大家的思想工作，稳定情绪，先想尽办法求生存，等待救援!”

施俭、周成、孟凡帝在破船上来回走着，不时望一望外面的大海，风还是不见减弱。

突然，施俭的电话响了，是一位河南籍民工打过来的：“施总，我们在十八公里处，有50多人啊，我们乘的船被海浪冲走，卡在了通岛公路上的乱石中，几乎要被海浪打碎，咋办啊?!”

施俭倒吸一口凉气，缓了一下神儿：“告诉大家不要着急、不要害怕，我们正在组织营救，再坚持一下!”

对方没有答话，电话即刻断了。

常言道，“水火无情”。

狂啸的海浪哪能容得你再坚持一下，脆弱的生命在灾害面前稍纵即逝。

然而，涉及这么多人，天气这么恶劣，营救力量又这么单薄，依靠他们自身，恐怕很难完成。

孟凡帝意识到，险情重大，人命关天，必须尽快向上级报告，加强救援力量。

施俭、周成也一致赞成，立即上报各级政府。

一条条电波传向通岛公路项目建设指挥部，滦南县委、县政府：“曹妃甸海域发生特大风暴潮，通岛公路损毁严重，300多民工被困，我们已救回 100 多人，仍有 200 多人生命危险，还在积极组织营救！”

……

第七章　大抢险

“曹妃甸出大事了！”

午夜凶铃，震耳欲聋。

唐山市委、市政府，滦南县委、县政府，悉数出动。

大潮退去，出海受阻。

时不待我，唯有自救。

关键时刻，孟凡帝又勇挑大梁，站在“风口浪尖”……

37. 吹哨人

王志勇，唐山市乐亭县人，20 世纪 90 年代毕业于唐山工程技术学院，后被分配到京唐港港务局工作。2002 年 8 月，被唐山市人民政府任命为曹妃甸通岛公路建设指挥部工程技术部部长，时年 33 岁。

10 月 10 日傍晚，王志勇和孟凡帝、施俭、周成在零公里处指挥部分手后，一直放心不下。

他在京唐港工作多年，经历过多次风暴潮灾害天气，还从未遇到过今天这样大的狂风巨浪。再则，虽说自己的专业是工程技术，但具体到通岛公路“袋装砂”的施工工艺，也是第一次。

通岛公路能不能经得起风暴潮的考验？路上还有几百名民工未能及时撤离，是否存在危险？

晚 7 点多，他分别给回嘴东项目部的施俭、孟凡帝打过两次电话问询情况，都回答没有出现问题，只是说在路上感觉风太大，吉普车行驶艰难；又分别和南通海洋项目部、浙江广宇项目部、江苏启东水利项目部打电话，也都说未发现异常情况。

国家海洋气象预报中心已做出预报，说是 10 月 10 日晚到 12 日晚渤海湾有 7—8 级大风，并伴有 3—4 米的海浪，请沿岸省市及相关部门注意防范。

但听着外面的风声、雨声，风力也不像 7—8 级啊！

他在床上辗转反侧，风雨声入梦，几次惊醒，透过玻璃窗望一望窗外……

11 日凌晨，手机突然响起，一看是孟凡帝，赶忙问：“凡帝，有情况吗？”

孟凡帝简要汇报了情况，并请求上级领导速到嘴东组织指挥抢险。

放下电话，王志勇立即敲开副总指挥邸哲敏的房门。

邸哲敏听完汇报，决定让王志勇先带着工程部李宏民、赵建军及综合部部长李广青迅速赶赴嘴东渔港。安排好相关事情后，他赶紧打电话给总指挥杨振义。

凌晨两点多，王志勇带人抵达嘴东码头，目之所及，人头攒动，灯光闪烁，风声、雨声、人声混杂一片。

“曹妃甸出大事了！”

“甸上的人都被刮走了！”

“船不知翻沉了多少！”

……

各种声音不绝于耳，哭喊声此起彼伏。

他们来到临时指挥抢险的破船上，只见好多人已经包围，嚷嚷着，问询着。

孟凡帝带着沙哑的嗓音穿梭其间：“大家别着急，刚才通岛公路上还打来电话了……”

看到王志勇他们，众人全无往日那种见面时的热情，阴沉着脸，没有人说话，摇头、低头、叹气。王志勇面对从未见过的场面，一脸茫然，心跳加快，一种不祥之感立刻笼罩在他的心头。

王志勇听了大家的简要汇报，把情况汇总后，意识到，这场特大风暴潮突如其来，比当初预想要严重得多，且势态难料、影响巨大，险情处置已超越他们的能力范围，必须立即向上级汇报，尽快组织更大规模救援。

随之，通过邸哲敏、杨振义，向唐山市委、市政府报告。

电话声声，心急如焚。

乌云翻腾，波涛汹涌。

杨振义，时任唐山市政府党组成员、通岛公路项目建设指挥部总指挥，年近花甲。

后来，他的夫人吕庆书以详尽笔墨在《风雨通岛路》中记录了那天的情景：

10 月 11 日凌晨，正熟睡的老伴儿杨振义被一阵急促的电话铃声惊醒，我急忙打开台灯，只见他翻身下床拿起电话“喂”了一声，隐约听到对方在向他说什么事。只见他面目凝重、眉头紧锁，我预感到问题的严重。对方的话不多，他说给对方的话同样简短明了：“你们要更详细地了解一下困在路基上的人员情况，想办法尽快接他们上岸，我马上赶过去！”他放下电话对我说，电话是副总指挥邸哲敏打过来的，曹妃甸海上发生特大风暴潮，许多工人困在路基上了，路不通，又不能行船，人命关天。说完后，他便拨通了司机陈师傅和秘书张宝国的电话，叫他们到我家，马上一起驱车赶往嘴东。

杨振义一动，好比哨子吹响，整个唐山市委、市政府震耳欲聋！一场史无前例的生死“大考”摆在了他们面前。

38. 惊魂之夜

时任唐山市政府秘书长许德茂，亲身经历了那个惊魂之夜。

19 年后，当我们坐下来谈起往事，他的记忆仍然清晰无比，他娓娓道来。

时任唐山市政府秘书长许德茂（左二）与采访人员合影

10月11日凌晨3点多，在家中熟睡的我突然被一阵急促的电话铃声惊醒，一看是市政府办公厅值班室打来的。负责同志说："报告秘书长，曹妃甸海域发生特大风暴潮，通岛公路项目工地出现紧急情况，请你马上到市委门前集合，与市委书记、市长一起到现场指挥抢险！"

心头猛然一惊，赶紧起床，穿上衣服，驱车赶到市委大门前。

刚下车，便看到市委书记、市长、常务副市长及市委安树彦秘书长、市委办公厅刘建国主任等很多人已集聚在那里。

反常的是，谁和谁也不搭话，表情十分严肃、凝重。不用说，肯定是出大事儿了。

我和刘建国安排好4辆车，直奔滦南县南堡镇嘴东渔港。

一路上狂风呼啸、大雨倾盆、电闪雷鸣，透过车窗，不时看到有大树被风折断，卧倒横挡，行车困难，我们不得不下来进行一番清理。

11日早晨7点多，终于到达嘴东。

渔港码头对面就是上航局曹妃甸通岛公路项目指挥部办公地，进去后感觉很简陋，板房低矮，叮咚漏水。

我们在这里见到了先期到达的杨振义副市长和市发改委主任、通岛公路项目指挥部副总指挥薛渤珣。他们看上去极其疲惫和焦急。

见到市领导后，杨振义立即汇报："现在海上风力已达10级以上，浪高达到10米以上，是近百年一遇的特大风暴潮。通岛公路上共有民工400多人，分别在三个标段。风暴潮来袭之后，有100多人从通岛公路北侧撤到岸边，10日晚上到今天凌晨一条渔船救回50多人。因联系困难，估计遇险人员可能分别集聚在残存的路基上，但是，由于海浪太大，正在一步一步地吞噬着他们生存的地方，民工们生存的依托会越来越小，随时都有被海浪冲走的危险，情况十分危急！”

杨振义继续说：“昨晚派出4条渔船出海救援。凌晨返回的一条船又趁着潮水折返到通岛公路附近展开营救；另外，昨晚出海的一条船也将返回进港，救回人员100多人；目前，仍有3条船正在出事海域展开搜寻营救。”

大家一合计，通岛公路上救回100多人，一工区撤回100多人，还有200多人急等救援。

突然，王志勇的电话响起来，接通后一问，是通岛公路上的民工打来的，大家屏住呼吸听电话里的声音，只是请求快去救他们。

市委书记接过电话想进一步了情况。

还未来得及说下句，就听到对方哭喊道：“快来救救我们吧，我们脚下站的地方眼看要冲没了，要不你们等着来收尸吧！”

市委书记顿了一下，皱紧眉头说：“请你转告大家，我们正在全力想办法营救，船已组织好，潮水涨上来立马出海，请大家坚定信心，不要慌，别乱跑。手机只开一个，节省用电，要不没法联系，我的手机号码告诉你，记下来，发生情况立即呼叫……”

之后是沉默，只闻狂风暴雨声。

不一会儿，滦南县委书记秦少清、县长盛新丰等县领导陆续赶到，唐海县委书记于冬青、县长王晓谦也赶来了。

人山人海，眉头紧锁，大家都在焦急地想着、等着、盼着……

为了利于组织海上大营救，上午9点多，安树彦跟我商量是不是协调一下换个指挥办公的地方，因为我们刚到的那个地方太狭窄了。

我找到盛新丰。说明情况后，他立即组织，把临时指挥部移到滦南县水产局渔政站，那边有可容纳 20 多人的会议室。

随即，由市委书记任总指挥的曹妃甸“10·11”海上特大风暴潮抢险指挥部正式成立，由滦南县委、县政府具体落实抢险措施。

滦南县及时成立了相应的抢险指挥组织，就是在那次抢险中，我第一次听说了孟凡帝的名字。

市长把刘建国和我招呼到他的跟前，先安排刘建国：“从现在开始，我们讲的每一句话，做出的每一项决定，都要原原本本地详细记录下来，不得遗漏。”

接着，又对我说：“把市委、市政府的每项决定跟滦南及通岛公路建设指挥部做好沟通、落实、协调。”

一场前所未有的“大考”迫在眉睫！

是大考，更是“大烤”，架在火上烤，站在海边烤！

所有人的心都在滴血，都在滋滋冒油……

39. 艰难的抉择

10 月 11 日上午 10 点钟，小小的滦南县水产局渔政站会议室，坐满了有史以来从未见过的高规格领导人。

市委书记、市长，县委书记、县长，镇党委书记、镇长等各级党政一把手悉数到齐，组织召开第一次“10·11”海上抢险特别会议。

渔民代表孟凡帝，是唯一没有编制、没有职务的参会者，这也是他第一次和市、县领导们面对面谈工作、说事情。

一个主题被反复强调，那就是：尽快救人。

然而，怎么实现，如何落实？

会议室里，除了墙上那面石英钟“滴答滴答”在响，众人皆是沉默不语、苦思冥想，一时很难做出决策。

11点多，正在考察港口建设的国家发改委综合运输研究所副所长王东明看到天津塘沽的严重灾情，意识到唐山曹妃甸也一定受到了风暴潮袭击，赶忙打电话询问老朋友邸哲敏。

据王东明后来回忆：“打了好几次，才拨通邸哲敏的电话，但是他久久无语，问得急了，他才哭着说，已救回150多人，还有200多民工困在海上，生死难料，通岛公路基本冲毁了，自己准备坐牢去……”

在此之前，孟凡江已第二次出海，船上甚高频对讲机被海浪打坏，只能依靠时断时续的手机电话联系，故障频频。

另外，田向峰、田向伍两条船，也正在通岛公路附近海域艰难搜寻。

随着时间流逝，潮水已慢慢退去，嘴东码头的港湾里露出了浅滩，渔船再出海必须等待涨潮。

曹妃甸通岛公路项目当年被河北省委、省政府确定为“一号工程”，是全省各项重点工作的重中之重，影响巨大，牵一发而动全身，而项目建设还在积极申报中，未得到国家正式批复。

遇到如此大的灾情，应该向省委、省政府及时、如实报告。

但上报时间选择哪个时间段呢？

再说，通岛公路上遇险人员人数还没有完全准确统计出来，损失情况也难以评估，怎么上报？

市领导们一时举棋不定。

市委书记望着风雨交加的窗外，在抢险指挥部办公室里不住地来回踱步，手中的香烟不时地猛地吸上几口、掐灭，自己又掏出打火机来回反复着。房间里听不到任何声响，空气仿佛已经凝固。

市委常委、秘书长安树彦看着书记、市长凝重的面色，随着他们的脚步，不时地走到他们跟前，一遍又一遍地抬起手腕，示意腕子上手表的时间！

事不宜迟，责任重于泰山。

只见书记猛地转过身，把手中的烟头掐灭后重重地摔在地上，对安树彦说："报，如实上报！"

随即，市委、市政府两办迅速组织，结合曹妃甸通岛公路建设指挥部共同起草上报省里的报告。

报告由王志勇、李宏民起草，市主要领导审阅签发后，市委办公厅主任刘建国迅速安排电传到省委、省政府。

40．求助军方

狂风暴雨似乎要把渤海湾畔的嘴东渔港这块弹丸之地从地球上抹去。

难道就这样坐以待毙吗？

眼下通岛公路上的人还能坚持多久？潮水还有多长时间能涨上来？船能不能组织起来？

眉头紧锁的滦南县委书记秦少清把目光投向孟凡帝："凡帝，你是海边人，最熟悉这里的情况，你跟各位领导说一下。"

孟凡帝思忖了一下说："通岛公路上尽管很危险，但是，目前我们仍有 3 条渔船正在赶赴施救。眼下只能让遇险民工坚定信心、坚持忍耐，只要潮水涨上来，更多的船就能出去，船长、船、甚高频对讲机都已准备到位，按照潮汐涨落推测，估计还得 3 个小时。现在海上温度很低，遇险时间也不短了，重点是多准备保暖物资及给养食品，到时候让出海抢险渔船全部带上，全力以赴争取时间，尽快把通

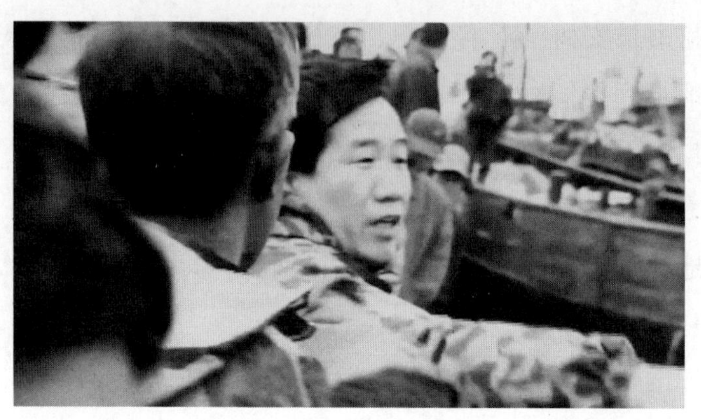
时任滦南县委书记秦少清在嘴东码头现场指挥抢险

岛公路上的民工转移到救援船上，那样就安全了。”

市委、市政府当即作出决定：市直及滦南县要尽快想尽一切办法组织落实救援物资，滦南力量若不够，市里支援，不得有误；同时，要密切注意观察潮水情况，能出海就马上出海，时间就是生命，决不能延误！

坐在一侧的秦少清旋即转过身，对县委常委、县委办公室主任韦远东，常务副县长崔恩富，县政府办主任李建华说：“现在马上联系县民政局、武装部、水利局抗旱防汛指挥部、商业总公司等单位，中午前一定要把防寒棉衣、棉被及食品送到嘴东！”

主管农业的滦南县政府负责人也接过话茬说：“我已和冀东油田、县医院、嘴东卫生院等部门联系好，6 辆大巴车和 20 辆专用救护车及医务人员都已在赶赴嘴东的路上，很快就能到达！”

滦南县组织的各类抢险物资及时运送到了嘴东渔港码头

虽然紧张的工作安排正有序推进着，但是谁也无法保证抢险船何时出海。焦虑像一块沉重的巨石压在每个人心头，难以呼吸。

唯有沉默，唯有等待。

在无尽的煎熬中，秦少清忽然说：“我们能否请求一下海军支援?”他说海军某领导是滦南县人，他可以联系一下试试。

市领导当即决定尽快联系海军部队，请求支援抢险救援。

秦少清的建议，也让大家茅塞顿开。随即杨振义又马上联系中国人民解放军某部，请求派直升机救援。

一道道求救电波信号，传向四面八方。

市政府秘书长许德茂负责对接军方。

很快，电话一个接一个地打给了他，纷纷表示想尽一切办法参与救援，全力支持，不惜一切代价保护人民群众的生命安全。

但是，一个多小时后，海军某部值班室打来电话，因为曹妃甸通岛公路附近海域水深不够，登陆艇不能靠近残存的通岛公路路基。

困顿中，某集团军陆航团也发来传真，直升机已起降多次，终因天气恶劣不能正常飞行，等气象条件稍有好转马上起飞。

希望的曙光在人们眼中一次次燃烧，一次次熄灭……

众人不约而同地看着远方的大海，有的沉默无语，有的捶胸顿足，内心犹如汤煮。

在外援暂时无望的情况下，唐山市委、市政府果断做出决定：继续按照孟凡帝及上航局曹妃甸通岛公路项目部先前制订的抢险方案执行，动员一切力量，全面发动，继续利用嘴东渔港现有渔船、渔民自身力量展开救援!

41. 对话塔楼

2003年10月11日上午，嘴东渔港。

至今依然保留的嘴东码头上的“小楼”

码头岸边的方舟加油站两层小楼，正经历着从“诞生”那一天起从未见到过的猛烈风暴潮。

小楼建筑外形似塔，是方舟公司专为方便渔船出海作业加油、加水而建造的，渔民们称之为“小楼”。小楼不大也不高，却是当时嘴东渔港码头上最高、最时尚的建筑。

孟凡帝带着市、县领导从码头岸边迎着狂风暴雨，一起艰难地登上小楼。

他们来到二楼，站在玻璃窗前。嘴东渔港尽收眼底，一览无余，云水暴怒，渔船跳跃。

此时，市委书记沉思片刻，猛然转身，直接向前，径直走到孟凡帝面前：“小伙子，这么大的风浪，渔船能出海吗?”

孟凡帝忐忑不安，不知道该怎么回答。

片刻，他定定神，斩钉截铁地说：“这么大的风浪，正常情况下渔船是不能出海的，但我们当地渔民都知道，捕捞对虾必须追风头、赶风尾，迎着风出海下网才能捕到。为了救人，昨天晚上派出 4 条渔船，成功救回 100 多人。目前，仍有 3 条渔船在海上搜救，现在只要潮水涨上来，船能出去，风再大，我们也要出海救人!”

市委书记点了一下头，面无表情。转过身，仍是远望着渔船、大海。

这时，常务副市长张国栋急匆匆登上二楼，向市委书记汇报：“刚才找了渔政、船检等专业人员了解到，按规定，海上风力达到7级，渔船严禁出海。今天风力都12级了，更不能出海了！”

市委书记“嗯”了一声，依然眺望大海……

42. 压力山大

重任，又一次压在孟凡帝身上。

他被滦南县“10·11”海上特大风暴潮抢险指挥部任命为抢险组组长。

30出头，平生以来第一次“当官”，却是如此职务，却是如此惊险。

为了方便开展工作，滦南县海上抢险指挥部，又迅速前移到孟凡帝和施俭、周成他们的那条破船上。

滦南县“10·11”风暴潮抢险指挥部组成情况：

总指挥：滦南县委书记秦少清。

副总指挥：滦南县委副书记、县长盛新丰，县委副书记李会合，县委副书记王胜喜，县委办公室主任韦远东，常务副县长崔恩富等。

成员包括县直及沿海镇主要负责人。

南堡镇部分渔业村党支部书记也被纳入其中担任抢险指挥部成员。

下设4个分组。

第 1 页

10.11海难救助指挥部组成人员

总指挥：[illegible]

副总指挥：赵山

[illegible]

[illegible]

[illegible]／张印

一、救援组：组长：于广秋

副组长：[illegible]

成员：公安边防、船检、渔政

职责：负责海上受困人员的救助

二、后勤保障组：组长：[illegible]

副组长：[illegible]

成员：南堡镇政府干部

职责：做好抢救物资，以保障供应

三、地方工作组：组长：[illegible]

副组长：[illegible]

职责：做好当地群众和受困群众家属稳控工作

四、医疗救治组：组长：[illegible]

副组长：[illegible]

职责：调配救护车、医护人员对受困群众救治。

1060820021 (8-7) 年 月 日

“10·11”海难救助指挥部组成人员名单 1（影印件）

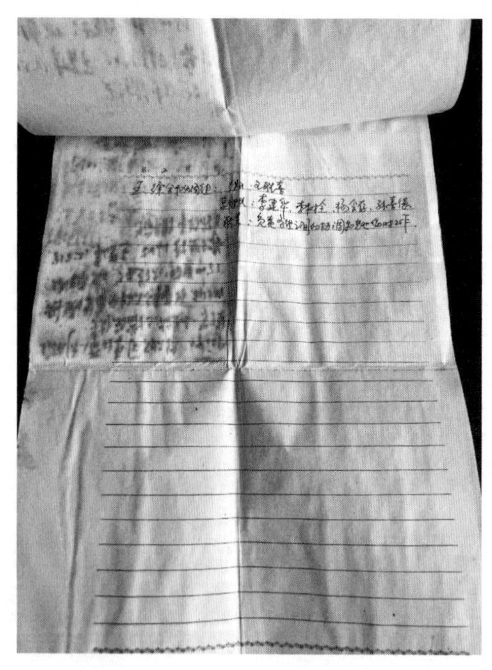

五、综合协调组：组长：[illegible]

副组长：李建军、[illegible]、[illegible]、[illegible]

职责：负责各组之间的协调和整体运作工作。

“10·11”海难救助指挥部组成人员名单 2（影印件）

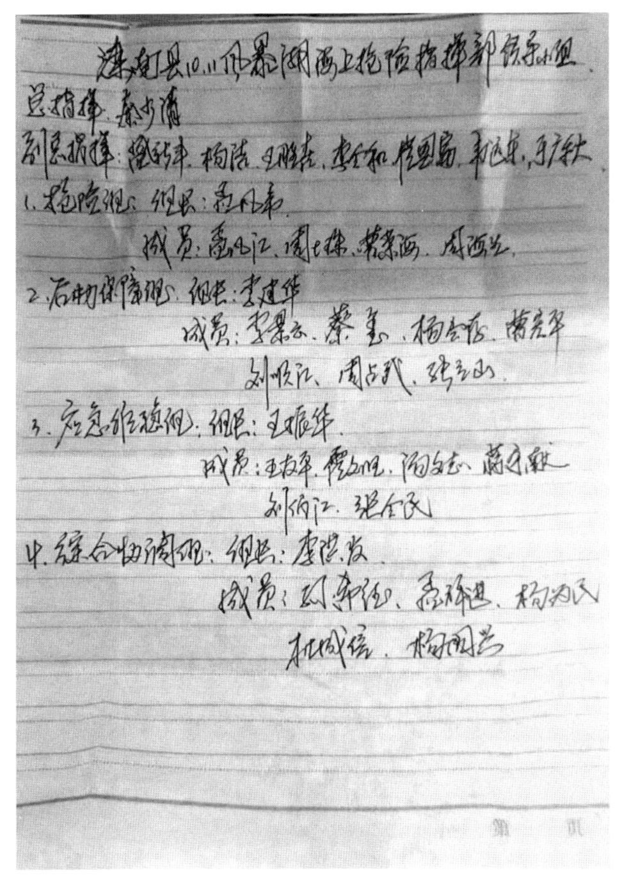

滦南县10.11风暴潮海上抢险指挥部领导小组

总指挥：[illegible]

副总指挥：[illegible]

1、抢险组：组长：[illegible]

成员：[illegible]

2、后勤保障组：组长：李建华

成员：[illegible]

3、应急维稳组：组长：王振华

成员：[illegible]

4、综合协调组：组长：[illegible]

成员：[illegible]

滦南县“10·11”风暴潮海上抢险指挥部组成人员名单（影印件）

2022 年 6 月，笔者采访到中国华电新能源集团股份有限公司纪委书记、监事会主席邵福生，作为时任唐山市委主要领导秘书，他亲身经历了“10·11”大抢险的两天两夜。

当笔者要采访他时，他说：“我就不过多地谈那两天两夜的事情了，那场惊天地、泣鬼神的大抢险场景，让我终生难忘！我这里的日记本可以给你们看一下，我当时记下了海上抢险的经过。”

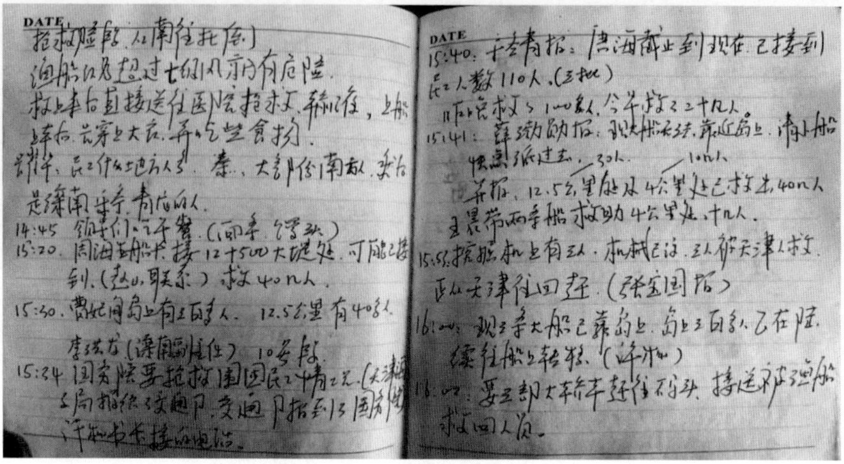

邵福生提供的当年现场记录（部分）

2003 年 10 月 11 日，星期六，滦南嘴东。

12:15　王秀峰报告，十五（公里）＋500 米处大堤溃决，上面有 30 多人，最多能坚持 1 小时。

13:40　20 条渔船出海，薛渤琦带队。

13:50　浪高（风浪）10 米。

13:55　昨天夜间出海的 3 条渔船正在组织施救。

14:05　渔政部门提供信息，超过 7 级大风渔船就有危险。

14:25　市长：民工什么地方的多？秦少清：大部分南方人，其他的就是滦南、乐亭、青龙的人。

14:45　领导们用餐（面条、馒头）。

15:34　国务院要抢救被围困民工情况。

15:51　薛渤琦报，现在大船无法靠近岛上，请把小船派过去。

18:12　某部首长来电话，直接和市委书记通话，某部两个武装直升机中队，准备参加唐山海上救援。

23:15　召开抢险会议。市委书记做讲话。会上研究明天怎么去接剩余的民工，制订两个方案：一、能否直接上岛去接；二、让民工到地上等候，最迟明天把他们接回来。现在影响太大了，已经影响到高层，方方面面都在关心、问候。虽然危险减小，但压力太大了，画不了句号，最好利用一早的潮水一次成功。大船靠不上岸，利用小船向大船上倒。

孟凡帝让周成拿出一张曹妃甸通岛公路的施工图，展现在大家眼前，详细介绍了人员所困方位，确定了遇险人员的具体位置，并把曹妃甸海域的实况简要地做了解释。

他果断地说道："一旦潮水涨上来，立即按现在掌握的消息及通岛公路上的情况，争分夺秒地组织大型渔船出海，展开点对点救援。"

临近中午，潮水将涨。

孟凡帝望着嘴东港湾，把船长们招呼过来等待出海。

孟凡帝（左上一）介绍曹妃甸海况

市、县领导顾不得吃中午饭，顶着风雨，踏着泥泞，来到渔港码头岸边的小破船边，焦急地看着慢慢上涨的潮水。

孟凡帝带着 20 多名船长集结在嘴东码头上，像急待奔赴沙场的勇士，迎风站立在岸边，用期盼的目光丈量着一寸一寸上涨的潮水。

市、县领导走进船长中间，纷纷关切地问：“什么时候能出海？这样的天气能不能出海？”

话音刚落，站在前面的周世珠、曹友宝、周海生三位船长不约而同地回答：“请领导放心，只要潮水涨上来，船能动起来，再大的风雨我们也能顶着出去，一定把人救回来！”

动情的市、县领导们拉着他们的手，声音嘶哑，哽咽着说：“谢谢大家，谢谢大家！”

2022 年 5 月，曾任滦南县委副书记、时任廊坊市检察院检察长王胜喜在接受笔者采访时，回忆起当年市、县领导与孟凡帝及船长们在一起时的情景时说：“当我们来到嘴东渔港，焦急的市、县领导问孟凡帝有没有信心出海营救被困民工时，只见他站在风雨中，目光坚毅，坚定地举起握紧拳头的右手，大声说道：‘我一定组织渔民抓紧出海救援，保证完成任务！’码头上的船长们也跟着齐呼。当时的场景让我们感动得流泪！”

午后 1 点多，人们翘首以盼的海潮在东风的裹挟下，终于奔涌上来。

7 条大型渔船，准备兵分三路直奔曹妃甸通岛公路：一路沿通岛公路两侧，地毯式继续寻找失联民工；一路开赴九公里处和十三公里交接处，搜寻、营救遇险民工；一路赶赴曹妃甸岛灯塔处——那里近百人在孤岛上已经坚守了一天一夜。

嘴东渔港的船就要出海了，已是一天一夜没有休息的薛渤珣二话没说，站在船长周海生的船头上，把手一挥，招呼王志勇、施俭登上了出海的第一条船。

岸上的杨振义赶忙招呼道："老薛，你岁数不小了，这么大的风浪，别去了，快下船。"

薛渤珣在船上穿起一件绿色军大衣，手一挥，"杨市长，我不去，谁能去?！没事儿。"

孟凡帝安排好另外两条船后，也急忙跑过来，"薛主任，您别去了，我去吧，那里的海况我熟悉。"

薛渤珣以一名军人的口吻喊道："谁去都可以，就你不能去！好好地在这守着，这里离不开你，现场的事随时需要你。服从命令!"

潮水涌上来了，船伴着涌动的海浪也动起来了。

码头上除了请求出海抢险的渔民，很多人也像潮水一样涌过来。他们嚷嚷着要找"管事儿的"。

"我们那口子有消息吗？他在哪里啊?"女人们吵闹着。

"我儿子他们那儿咋样？有事儿没事儿?"男人们急切地打听着。

"咋不出海去救人啊，让他们在那里等死啊!"不知情的人叫喊着。

"不管咋说，是死是活，你们得给我们个明白啊，不能让我们活不见人、死不见尸吧!"怒目圆睁的人追问着。

……

小渔港到处弥漫着一种恐怖的气氛，煎熬的等待正一步一步突破着他们的心理防线。

孟凡帝站在他们中间，神情凝重，望着那么多熟悉的面孔，拱手道："叔叔大伯们，兄弟姐妹们，咱们的心情是一样的，大家要相信党和政府，市、县、镇领导们从半夜起都在这里组织、指挥抢险，船已经出去了。我们一直和通岛公路及海上保持着联系，再大的风、再大的浪，有我们在，他们一定会平安归来!”

码头上恢复了暂时的平静，人们把目光投向上涨的潮水，目送着那些顶风冒雨出海的渔船。

箭在弦上，神经紧绷。

箭已离弦，望眼欲穿。

此情此景，秦少清铭心刻骨。

多少年后，回首往事，他动情地对笔者说：

这次特大风暴潮海上大抢险，是我从政经历中最难忘的一件大事。

我到嘴东渔港后，看到市委、市政府领导的压力太大了，海上 200 多人被困，处境极度危险，后果不堪设想。

当时，海上情况不熟悉，又是突发事件，没有成形的预案，也没有经历过的成功案例，真是束手无策。我找了海军某部领导，杨振义同志又联系了空军某部，最后都因条件不具备未能达到目的。万般无奈之下，市委、市政府做出展开自救的决定。谁来实施完成呢？是孟凡帝站了出来，担起了这次大抢险的重任。

记得我们在滦南县嘴东渔政站开完会后，县领导们来到一条小破船上，我和孟凡帝还有县委办的一名同志挤在非常简陋的驾驶室里，木板做的驾驶室多处已经腐烂，狂风中有一种摇摇欲坠的感觉，其他同志都穿着雨衣顶着风雨站在外面。

孟凡帝按照会上的要求和安排，组织起那么多船长集中待命，他们士气高昂、群情激奋，让我很受感动，更坚定了我们战胜困难的信心。看到那样的场景，让我真实地感受到滦南渔民那种公而忘私、舍己为人、见义勇为、淳朴善良的优良民风。

我体会到孟凡帝是当之无愧的一位杰出的“船老大”，他那种强烈的感染力、号召力、组织力，撼动的不仅是我们，更包括苍天大地。要是没有他，哪有那次海上大抢险的成功啊！

43. 零公里处大抢险

嘴东渔港告急，通岛公路零公里处也在上演着一场生死大对决！

彭永佳，曹妃甸通岛公路建设大会战伊始，他被唐山市政府任命为通岛公路项目建设指挥部预算部部长。

2003 年 10 月 10 日傍晚，彭永佳和预算部的解占强吃过晚饭后，回到办公室。他们看着窗外风雨交加的天气，议论着，尤其是零公里处上航局水泥预制件厂的民工们住的都是木板房，抗风能力很差。

彭永佳急忙联系水泥预件厂负责人徐徐，要他多加注意。

晚上 8 点多，外面风更猛、雨更大了。

彭永佳在床上很难入睡。他感觉到房子在摇晃，大地在颤抖。外面“嘭啪”的响声接连不断。这是怎么了？

10 点多，强劲的东风夹杂着暴雨骤然加大。

彭永佳突然听到外面连续不断的“啪啪”声响，随之传来了人的喊叫声：“不好了，房顶被刮跑了！”

彭永佳、解占强和司机小陈赶忙跑出办公室，借着灯光看到，东面宿舍区木板房上的木板被大风一片片扬起。顿时，整个宿舍区乱成一片，更有人在喊：“来水了！”

彭永佳他们赶忙跑过去，看到雨水和海水已经涌进宿舍区，最东侧的几间板房已被刮塌，惊恐的人们在胡乱地四处跑着。

“别乱跑了，小心木板砸人！都向西边来！”彭永佳高喊着。

解占强、徐徐他们跑过去，拉着被木板压住的人们，引导着向西侧集中。西侧的住房要比东面的结实很多，因为那是长期在这儿上班人员居住的房屋。

正当民工们向西侧集中时，因为风大，电线突然被刮断，致使零公里处全面停电，漫天漆黑笼罩。

人群更乱了，没有了方向，脚下也不知迈向哪里。木板和涌上来的海水混杂着，把人们绊得跌跌撞撞，“去哪里？到哪里去？”的呼喊声更是乱成一团。

彭永佳赶忙让徐徐组织人员把水泥预制厂的发电机启动起来，保证零公里处的全部照明。

慌乱的人们终于在灯光下找到了避险、栖息之处。

临近晚上11点钟，惊魂未定的彭永佳他们刚刚回到办公室，借着窗外的灯光，看到南面的通岛公路上好像有晃动的人影朝这边走来。

彭永佳恍然地说道：“不好了，通岛公路上出事了！赶紧看看去！”

彭永佳带着解占强和徐徐，来不及穿雨衣，急忙走出办公室，一路向南。果不出所料，只见六七个民工穿着单薄的衣服，全身水淋淋，踉踉跄跄地向他们走了过来。

“怎么回事？怎么回事？”彭永佳连着问了几句。

那几个人断断续续地说：不好了，通岛公路被冲毁，海上风浪太大，上面的人很危险，快救他们去……我们是走着回来的！

彭永佳打通了在一工区施工的江苏省启东市水利工程公司曹妃甸项目部经理李建飞的电话。从电话中得知，一、二工区的路基冲毁严重，民工住的简易板房全被刮走，多名民工被困海上，他们正组织民工集结撤离，徒步向零公里处走来。

彭永佳急忙追问："还有多少人没回来？回来的人现在到了哪里？"

惊慌失措的李建飞支支吾吾，人数也说不准，因为从二工区那边也过来一部分人，具体到了哪里，更是说不上来。

"占强，你快让上航局预制件厂的人把指挥部房顶上的那两盏探照灯打开，面向大海照射，让通岛公路上的人能有方向！小陈你开车去，拿点儿绳子放在车上！"彭永佳吩咐道。

吉普车艰难地驶上通岛公路。

透过车窗，他们看到，原来完好的通岛公路已被风浪冲得七零八落，路基上除了裸露的石块，一片汪洋。路基上，有零零散散的民工，正在涉水奔着灯光走来。

"把车的远光灯打开，沿着路基向前照射，让他们能够看到灯光，他们有奔着来的方向！也不会掉入两侧的深海沟！"彭永佳说道。

吉普车向前行驶了大约 500 米，再也不能前进了。他们下车后看到，前面是道沟壑状的深沟，沟的对面站着很多人。灯光下，民工们满脸渴望，期待着营救！

风越来越大，民工们在路基上艰难地站立着，排排涌浪拍打着他们，接连不断的趔趄在灯光下闪现。

"占强，你快把推土机叫过来，再带些床铺板，用推土机尽快把路修一下，让他们尽可能走过来，要不太危险了！"彭永佳说道。

他又让小陈从车里把绳子拿过来，系在吉普车的前保险杠上，他们一边一步一滑地向前迈进，一边放着绳子。

通岛公路路基已被海浪撞击得非常松软，推土机已不能正常在路基上作业了，路基上也没有可取的砂石土了，大堤已被海浪冲得体无完肤。

他们把十来块床铺板卸下来，准备一段一段搭建浮桥，让民工们能够走过来。

但是，床铺板刚刚放下，即刻就像一片树叶被海浪卷走。

他们选择了用推土机探路。推土机走在前面，彭永佳、解占强、徐徐、李建飞等人跟在后面，一面向前走，一面把绳子放过来。

一旦接近民工，彭永佳就大声喊："大家都握住绳子，任何人不要放开。咱们都拉住绳子，向岸上走！"

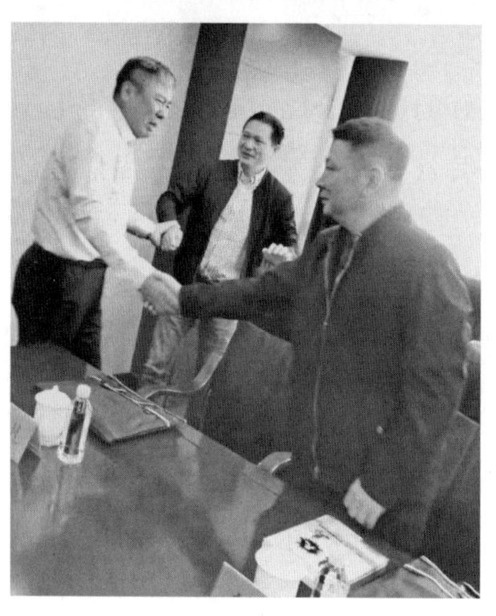

2023年10月11日，孟凡帝（左）、徐徐（中）李广青曹妃甸再相聚，深情忆当年，依旧泪如泉涌，激动万分

前方，指挥部的探照灯照亮着漆黑的夜空，吉普车远光灯的灯光聚焦在残存的路基上。失魂落魄的民工们在风雨如晦的黑夜中看到了希望的光芒，尽管脚下是冰冷的海水，哪怕身躯已淹没在汹涌的狂涛中，但，每一步，顽强！每一步，希望！

10月11日凌晨4点多，100多名民工经过艰难跋涉，终于回到他们心向神往、热烈期盼的岸边。

多年后，彭永佳和笔者谈起那段往事时，感慨万端，无怨无悔。

"这么多年过去了，没有人说起我们这条战线，我们也没有提起过，但它给我们的人生留下了难以抹去的记忆，太深刻了！当时，什么也没想过，就是想尽一切办法把人救回来！"

他们，人们没有遗忘，历史也不会忘却！

第八章　惊天动地

2003年10月，渤海湾发生近百年不遇的特大风暴潮，不仅牵动着无数普通人的心，也引起了党中央、国务院及各级党委、政府的高度关注、关心和关怀。

在最短的时间内，社会各界，四面八方，就形成了贯通上下、辐射全面的大抢险网格状格局……

44. 惊动中央

2003年10月11日，中国共产党中央委员会第十六届三次全会在北京隆重召开。

此前不久，总书记胡锦涛在江西考察时首次提出“科学发展观”概念，阐述了“牢固树立协调发展，全面发展，可持续发展”的科学发展理念；继而在党的十六届三次全会上进一步完整地提出了“坚持以人为本，树立全面、协调、可持续的发展观，促进经济社会和人的全面发展”的指导思想，把科学发展提高到更重要位置。

这次会议重点讨论通过了《中共中央关于完善社会主义市场经济体制若干问题的决定》，特别是对计划经济时期遗留下的深层体制障碍问题发出突破性的攻坚号召令。

这次全会，成为中国改革进程中的一个转折点和新起点。

10 月 11 日上午，国家交通部海洋搜救中心收到天津海事局海上搜救中心的请求，曹妃甸海域发生特大风暴潮，有民工被困海上施工工地，请求国家搜救部门紧急出海支援抢险。

但在报告里，没有提到曹妃甸通岛公路项目的准确名称。

11 日上午，唐山市委、市政府向河北省委、省政府报告：曹妃甸通岛公路项目工地遭遇特大风暴潮袭击，工地上 400 多民工被困海里，整条通岛公路路基损毁严重，正全力组织力量营救被困民工。

河北省委书记白克明、省长季允石正在北京参加党的十六届三中全会。在会上收到唐山市委、市政府的报告后，他们立即以电话形式分别对唐山市委、市政府做出重要指示，要求组织动员一切力量，不惜一切代价保障民工生命安全，首要是全力以赴救人！

旋即，中央领导做出批示：请陆海空三军紧急支援，保护人民群众生命安全！人命关天，要想尽一切办法，采取一切措施，协调一切力量，抢救遇险人员，搜寻失踪人员，确保遇险人员生命安全。

党中央、国务院的指示精神迅即层层下达。

最短时间内，抢险指挥部陆续接到解放军总参谋部、海军总部、北京军区、北京武警总部、交通部海上搜救中心等部门、单位打来的关切电话，商议救援事宜，表示愿意尽最大努力提供帮助和支援。

“我们已做好准备，舰船可以出海！”海军某部作战值班室说。

“需要人员，我们随时出发！”正在唐山附近训练的军区某部高炮团也信心满满。

“已接到命令，飞机正在做准备，在机场待命！”军区某部陆航团发来传真。

电话、传真、电报……一道道电波飞向嘴东渔港！

牵一发而动全身，窥一斑而知全豹。

渤海之滨，小小嘴东，刹那间成为全中国的焦点！

45. 海援被困

赵兴发，1945 年 7 月出生于河北省滦南县坨里镇蒋各庄村，1964 年入伍。历任海军某部航海舰艇大队航海业务长；海军某部司令部作战处参谋、副处长、处长；青岛某基地司令员；海军副参谋长、参谋长；海军副司令员。2002 年被授予中将军衔。

赵兴发将军（中）在北京与采访人员合影

在渤海“10・11”特大风暴潮抢险行动中，时任中国人民解放军海军参谋长赵兴发将军参与了指挥。

赵兴发将军出生在渤海湾畔，腥涩的海风、淳朴的滨海乡土哺育他长大，虽已离开故乡半个多世纪，但家乡的每一滴海水、每一寸盐碱泥土、每一丝乡愁，都给他留下了梦魂牵绕的记忆。

2022年3月，在北京寓所，笔者采访老将军。

回忆当年，他动情地讲述了行动经过。

10月11日上午，我们分别接到中央军委、国家援救中心的通报。

通报称：渤海海域发生特大风暴潮，海面阵风达到12级；现在海上渔民和船只受到严重威胁。

我当时正在海军指挥作战部，海军部队按照有关指示已经准备展开营救。在海上训练或执行任务的舰艇也已准备好，等待命令下达。

10时左右，我接到滦南县委书记秦少清打来的电话，说滦南县曹妃甸沿海发生特大风暴潮，数百民工被困海上，生命危险，请求救援！

保护和营救人民群众生命安全，这是我们义不容辞的责任，也是我们人民军队的崇高使命和担当；再加上故乡情，家乡发生这样大的灾害，更是令人牵肠挂肚！

灾情就是命令，命令就是责任。我们立即进入实战状态，按照指挥作战部制订的预案，通知下发至北海舰队旅顺基地、秦皇岛基地、烟台基地以及青岛基地，明确任务，组织舰艇出海参加海上抢险。

因为秦皇岛距离曹妃甸最近，决定首先从秦皇岛派出712号破冰船，然后命令旅顺基地派出拖船和护卫舰4艘。青岛基地和威海基地、烟台基地的舰船也做好了出港准备，包括沧口机场的直升机都准备好了。作为我们海军本身来讲，虽然在执行任务当中，但是，人民群众遇到灾难，抢险救灾是首要任务，时刻要做好准备，而且应积极参与。更何况我接到了市委书记和市长的紧急求救电话，灾情严重，人命关天，我能不担当尽责吗?!

当时，考虑到秦皇岛是我们的试验基地，有专门的破冰船，还有大拖船在里边。首先派出了破冰船从秦皇岛试验基地赶赴曹妃甸。因为距离较近，破冰船很快就到达了出事海域。但接到破冰船上的消息是，曹妃甸通岛公路附近海域都是浅海，破冰船直接登上路基救援遇险民工非常困难。我们感觉这个事件很大，也很危急，决定从旅顺基地派出两条破冰船、一条拖船和一条护卫舰，共四艘舰船。四艘舰船出来以后，还未到达出事海域，就接到712号破冰船的报告，曹妃甸海域风浪太大，连最小的上百吨登陆艇也不能靠上去。随后我赶紧给秦少清打去电话问询曹妃甸的情况，说当时岛上已有100多人获救，其他人员已撤离到曹妃甸岛上。后经海军指挥作战部研判，决定出海的舰船转入外围搜寻值班，继续执行抢险救灾的任务，在水深允许范围内活动，搜查海上有没有落水人员，就这样把任务转换为海上搜救——我们的任务不是一个，还有山东、辽宁、天津沿海的抢险救灾任务。

我始终惦记曹妃甸的情况，因为我又看到在国家救援搜救中心上报的情况中表述，曹妃甸海域险情较重，主要是说海上施工有数百民工被困，处境非常危险，亟待救援。说实话，我们是把宰“牛”的刀都拿出来了，但是，宰的是“鸡”！

从国家层面，对这次救援非常重视，参与救援过程中有三股力量：第一是国家救援搜救中心；第二是海军作战指挥部，通过总参作战部给我们海军下达任务；第三是我们海军各基地部队。当时国家救援搜救中心的任务很重，执行的任务都是急难险重，但实力很强！国家每年对其投入非常大，尤其是在装备上，优于当时很多先进国家，就是那时的通信设备很不方便，但他们能通过卫星高频电话联系。

后来我听说，是滦南县嘴东的渔民们，在年轻的孟凡帝的组织下，驾着自己渔船，冒着生命危险，把堤坝上的遇险人员全部接回上岸了。

我了解到，在那次特大风暴潮中，唐山市委、市政府的压力非常大，曹妃甸的开工建设，当时还没得到国家的正式批准。真出了问题，那可是不得了的事，承担着多大的责任啊！孟凡帝做出的，体现了一个企业家对国家负责的精神，肩上有担子，心里有人民，非常值得表扬和提倡！

采访赵将军结束时，首都北京已是华灯初上，流光溢彩，人潮如织。

是啊，老将军虽然没有亲临抢险现场，但他深爱着家乡故土，最了解家乡的一草一木、寸土滴水，特别是那些带着厚重纯朴气息的父老乡亲。

采访赵将军之前，笔者还见到了孟凡帝的父亲孟庆来。

已过古稀之年的孟庆来，早已不再下海了。回忆起 20 年前的往事，他感慨颇多，显得有些伤感。

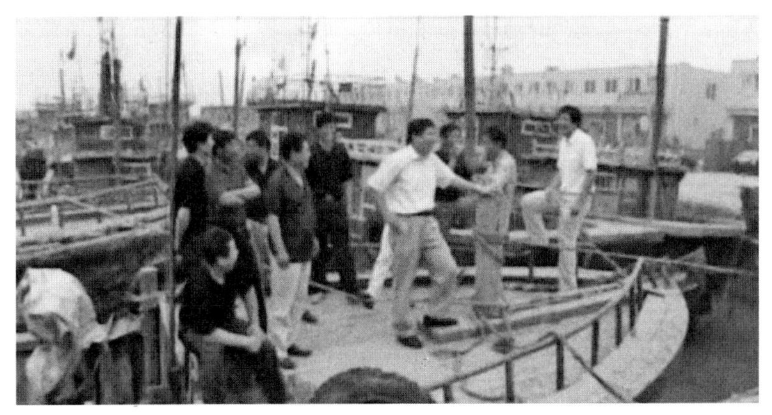

多年后，孟凡帝（右三）和参与“10·11”抢险的船老大们在一起

下海危险大，挣钱不容易。当时，儿子凡江是船队的海外生产队长，我是岸上的生产队长。20多条船、百十多个家庭都指望着我们爷俩儿。但是，怎么干也不行，今年看明年，明年盼后年，渔获一年比一年少，柴油还连年涨价，下海人见面了问声“赔得不多吧”竟成了惯例。

当时下海的真难啊，家家老老少少开门过日子，要吃、要穿、要花，哪来收入啊！我作为一名共产党员，当时真的感到脸上无光！但是，再没钱，再缺米，我们这些渔民，对不起良心的事儿决不能干！

孟庆来的语言朴实纯真，因为他经历了普通下海渔民的不容易，也道出了船老大们的人格情怀。

46. 空援受阻

10月11日上午10点半，接到命令的军区某陆航团与海上抢险指挥部取得联系后，立即组织两架直升机，准备赶赴事发地。

陆航团实施救援的首要条件，是为他们找到一块供直升机起降的200平方米硬质平台，并提供精确的坐标点位。

“这里有吗?”市长闻讯，转身问秘书长许德茂。

“我马上问滦南、唐海相关部门，看看他们附近有没有符合要求的硬质平台!”许德茂回答道，随即转身把滦南县委书记秦少清、唐海县委书记于冬青叫到身边，问他俩滦南、唐海就近处能否找到供直升机起降的硬质平台。

唐海，国营农场管理体制单位，除了拥有万顷良田沃野外，没有海域和海岸线，即使有供直升机起降的硬质平台也是远离嘴东，不便组织实施起降救援。

滦南嘴东，一个沿海打鱼人春来冬去的季节性渔港，四周除了一望无际的盐碱滩涂外，就是浩瀚辽阔的海水，基础设施建设滞后，200平方米的平台虽说不大，但在偏于一隅的小渔港，何处去寻啊?

任务，又压在了许德茂头上。

他用急切的目光扫视了一下周围的人，“盛新丰，你是滦南县县长，咱俩赶快出去找硬化场地!”

盛新丰虽说是滦南县县长，熟悉嘴东这里的水面、滩涂和陆地，但突然之间在这里寻找一块200平方米的硬化地面，可真是感觉有点“大海捞针”。

“凡帝，你常年在这里，留意过哪里有这样的平台吗?”盛新丰挠挠头，转身问旁边的孟凡帝。

“四支队那边可能有这样大的平台!”孟凡帝若有所思。

“好!那咱们赶紧过去看看!”许德茂一边说着，一边挥手示意盛新丰、孟凡帝一起去冀东监狱第四支队。

孟凡帝的车走在前面，许德茂、盛新丰他们俩乘着吉普车紧随其后，消失在狂风骤雨中。

下车后，说明来意，支队长马进玉却犯难了。

虽然这里有宽敞的水泥地面，但是，监狱是特殊单位，羁押着上千名罪犯，更有多名重刑犯人，安全保卫纪律倍加严格，降落、起飞直升机必须征得公安部、安全部、司法部的同意。在当时的突发情况下，若带领全体支队干警完成上报、组织、安保，显然来不及，抢险时间定会延误。

“那天我感觉特别头疼，这里是监狱，不仅要起降飞机，连抢险指挥部也要移过来，一下子来了 100 多人，还必须保证通道畅通，大门又不能关闭，给我们的安保工作增添了多大压力啊！但是，人民群众生命至上，没有别的办法，只能要求干警全员上岗，克服困难，忠于职守，尽职尽责，确保抢险与安保两不误！”马进玉后来回忆道。

面对市、县领导们焦急万分的情形，他果断决定带领大家来到冀东监狱养殖场，那里有一块 200 多平方米大的水泥面平台。

但是，上面堆满杂物，还都用苫布盖着，看样子收拾起来很难。

许德茂的电话响了，是陆航团值班室打过来的，说飞行员已经进舱，等唐山这边情况，条件具备的话，两架直升机马上起飞！

许德茂向陆航团值班室汇报完准备情况后，转身对马进玉严肃地说：“现在关系到海上 200 多人的生命，人命关天，无论你组织人力也好机械也好，半小时之内务必完成清除任务！”

马进玉立即回答：“好！坚决完成任务！”

100 多名武警战士被迅速组织起来，不到半小时，那块 200 多平方米的水泥场地平整地袒露在人们的眼前，等待直升机的降落。

同时，滦南县国土资源局的专业测绘人员，也精确地定出了坐标点位。

许德茂站在风雨交加的水泥硬面平台上，抬头朝向西北方向，赶忙拨通了陆航团值班室的电话，详细汇报了地面平台情况。

报务员回复：即刻下达起飞令！

“那天心情真是太迫切了，恨不得让直升机立马飞到曹妃甸岛上，把遇险的人全部接回来！我看到起降场地整理完毕，感觉到‘万事俱备，只欠东风’，抬头望一望西北方向，心中一直念叨：直升机你快飞来吧，这里的一切都准备好了，劫难中的人们在翘首以盼等待着你！”许德茂向笔者回忆道。

但，20多分钟后，他却接到了陆航团值班室打来的电话，告知直升机起飞两次均未成功，因风太大，只能等候通知。

所有期待，支离破碎。

苍天大地，何故如此？

第九章　聚焦灯塔

曹妃甸灯塔，如今修葺一新，早已成为地标性建筑，更是当地重点保护文物。

围绕它的传奇故事，数不胜数。

2003 年“10·11”特大风暴潮期间，海援被困，空援受阻，塔下遇险人员唯有自救。

就是在这里，一段段感人肺腑的精彩故事，再次演绎……

47. 长明不熄

滦州故地，冀东新港，渤海滨沙岛，天津外水廊。背陆地而有浅滩，面大洋而有深槽。唐王于兹歇马，曹妃就此驻魂，唐王伤怀爱妾，兴曹妃殿于孤岛。此为该地得名之始。汪洋千里，碧波无尽。船工不幸每遇海难而夭亡。龙王饕餮，常借黎民以果腹。以至满清，法本僧游方于此，感念苍生之不幸，欲竖灯塔以指海道。闻道台有水晶灯盏，竟自燃其指乞化，方得以赠。是由，灯塔遂起，遗泽于今。

旧说不足信。然则光绪迄今百余年间，灯塔数易其址，几度兴建，白日以指航标，星夜以明水路。此诚不易之史实也。遥想津港开埠之初，海关堕入夷狄时尝欲建塔。每以度支匮乏，终未成议。及至满清之末，大沽漕运局某员拟出资购灯，加之地方人士奔走，税司方始筹建。翌年，塔成。水银浮漕，灯光周闪。十数海里内粲然可辨。然曹妃甸僻处深海，大潮不断，海浪侵蚀，根基不保。塔成数年便毁于海侵。亦曾因无法救助，令养护工人于此罹难。及至民国，易地重建，民受恩惠又数十载矣。卢桥事变，倭难遂起，新塔亦不免于战火，明灯熵熄六载。国轮尝于此搁浅，外船亦因由沉覆。后虽抗战功成，唯时局艰辛，终未复建。

时至今朝，海内承平，民众而为国主，岂容海神猖獗。新塔重放光彩，射程远超往日。奈何沙垒孑立海中，四野空旷，风高浪急，气候变幻无穷，潮汐难测，滩涂岸线变化频仍，塔址遂屡屡迁徙。时至当代，科技畅达，灯器屡经革新，塔基每被加固。教广遇之顿首，海若望之兴叹。渔民因之受益，航船因由指路。航标工人地位亦增，遇险之时多方施救，幸有直升机参与始得保全。兹后又有近百建港员工遇风暴潮，托庇生命于此，赖新塔之坚，有惊无险。

千载以降，世人屡与天公斗勇，不避风浪，不畏险阻，傲视天地，睥睨苍穹。沙甸灯塔兴替，薪火不断，足见民智之无穷。故勒石刻碑于此以记之。

时公元二〇〇六年七月

中华人民共和国天津海事局谨立

今天，曹妃甸岛上除了留下那些动人的美丽传说外，人们看到的唯一遗迹就是这座长明不熄的灯塔。

该灯塔是交通部天津航标处联合滦南县人民政府于1998年重建。

当时，原灯塔因超出设计使用年限，钢结构塔架严重锈蚀，塔身倾斜。为保障助航作用，于当年改建成了颇具现代化的太阳能灯塔。原来的钢结构塔架改为玻璃钢塔体，灯塔基础下部为灌注桩，上端嵌固在混凝土平台中，平台高6米，直径10米，上部与玻璃钢灯塔连接。玻璃钢塔体高18米，利用太阳电池供电，射程18海里。

2006年7月，中华人民共和国天津海事局为了提升曹妃甸灯塔的导航作业效果，更好地支持曹妃甸港发展，又对新建灯塔进行了全面维修，并在塔基处镌刻上《曹妃甸灯塔记》，记述了灯塔的变迁历史。

长明不熄的曹妃甸灯塔，充满了神奇。

或许，再没有什么能像它一样，凝眸这里风云激荡的历史，见证这里沧海桑田的变迁。

1998年重建的曹妃甸灯塔

一个多世纪来，灯塔深深印记在沿海渔民的心中，成为他们出海劳作的守护神。

那不仅是一段历史，更是一种坚韧不拔、甘于奉献、见义勇为、慈怀感恩的信仰和精神。

48. 小岛“大家庭”

在全长 18.447 公里的曹妃甸通岛公路以外，还有 2.2 公里的临时公路。它从曹妃甸岛灯塔连接起通岛公路，这段路由唐山市交通局工程公司组织施工。

因为要在岛上甸头建设大型矿石码头，中交第二航务工程勘察设计院有限公司的 20 多人在此开展地质勘查，唐山方舟实业有限公司驳船运输石料供给码头也在这里。往日，不足 4 平方公里的小岛上有 40 多人施工、生活，附近海域还有沿海渔民从事养贝活动。

10 月 10 日晚 9 时多，曹妃甸海域的海面上风越来越大，甸南侧狂风掀起的海浪铺天盖地般向着小岛一波挨一波压过来，岛的四周被不断吞噬，仅仅一个小时的工夫，便剩下不足 500 平方米，人们的生存空间越来越狭小。

杨义志竖起的那面国旗，虽然有些破损，但仍在高高飘扬，成为遇险者寻找安全归宿的重要标志。

杨国良带着张相林、杨广成等员工，顾不上吃晚饭，在他们居住的板房四周用装上沙土的塑料编织袋堆着小土坝，抵挡着不断涌上来的潮水。

但小土坝刚刚堆积好，一阵海浪涌过来，转眼就被卷走了。

他们正在用沙袋堆积护垒时，夜色中，方舟公司员工史万春突然说了一声：“西边咋有个黑影啊？还有手电光，是朝咱们这边来的。”

大家惊恐地顺着他说的方向看去，茫茫黑夜中确实有个亮光，时隐时现地顺着潮水向他们走来。

杨义志眼力好，说：“那是人！咱们过去看看！”

他带着杨国良、杨广成走了过去。

果然是一个人！

问他咋回事。那人断断续续地说：“我……我是武汉二航院的，那边不……不好了，请你们帮忙快去救人。”

说完又用手向西边指了指。

杨义志让史万春把那人安顿下来，随即带着 5 个人顶着狂风巨浪向二航院的驻地赶去。

到了甸头二航院驻地一看，大家被一片狼藉的惨状惊呆了：帐篷全部被刮走，大部分已漂浮在水面上。在一块十几平方米的高地上，只见万仁凯经理举着手电站在风雨中，指挥着大家从水中搬着一个个铁箱子到他脚下的高地。

看到杨义志，他挥着手哭了。

万仁凯抽泣着说：“哎呀，杨哥啊！怎么办啊，房子、物资冲走了我不心疼，就是这几个月的勘查资料全要泡汤了啊！”

杨义志听罢，没有过多说话，便走进涌着海浪的水中，和二航院的员工一道寻找、搬运起装着资料的铁皮箱。他知道，这些资料凝聚着二航院工程技术人员几个月的心血和汗水，投入的人力、物力、财力非常巨大，一旦失去，损失不可估量！这些东西，可都关系着在曹妃甸建设大码头急需的全部地质、水文等资料啊。

经过半个多小时的紧张抢险，资料保住了！

杨义志让他们先把资料安置到方舟公司曹妃甸项目部驻地——那里相对安全一些。

转身撤离时，汹涌的海浪把甸头完全吞没了，千年甸头消失在茫茫大海中。

杨义志带着二航院地勘队20多人，抬着装满资料的铁箱向灯塔下的驻地走去。万仁凯他们的衣服、被褥全部被冲走了，只穿着单薄的衣服，赤裸着双脚，在瑟瑟发抖中跟随杨义志来到曹妃甸岛的最后“领地”——灯塔下。

众人到达灯塔下时，往日在曹妃甸附近从事贝类养殖的滦南县柏各庄镇、坨里镇的5个人，也已坐在了他们的板房中。

杨义志问：“你们啥时过来的?”

养殖场负责人老周说：“嗨，傍晚时分，风浪起来了，我们几个感觉不好，怕出危险。去哪里躲避啊?我们想起了岛上有面国旗，也知道这里有人，我们几个就摸着黑、顶着风浪走了过来。”

杨义志笑道：“很好，人多力量大，咱们一起努力，看看外面的风浪有多厉害!”

但是，平常十几个人的给养，突然间增加了40多人的用饭、用水、取暖，一下子增添了很多压力。要知道，从前每天的给养，最多只能保证他们8个人两天所需。这样，就只能节省点儿，等待救援。

没有见过狂风巨浪的人害怕了，哭求杨义志赶快联系船只，把他们接回。

杨义志心里明白，曹妃甸“无风三尺浪”，如今又加上这样的大风，谁敢来啊！即使有船来，又怎么能登上船呢。

唉，一切听天由命吧！

“大家都好好休息，没事儿，等风小了，船很快就会来，曹妃甸是神仙保佑的地方。”尽管如此，杨义志依然强作欢颜，话语中还带着丝丝笑意。

10日晚11点半，杨义志的手机响起来，是孟凡帝打来的："刚才施俭、周成说，现在十八公里处有50多人失联，可能是遇到危险了，他们都是南通海洋工程公司的人，尽快派人搜寻下落。"

杨义志心里犯起了嘀咕：他们哪里知道曹妃甸这里的情况，千百年冲不垮的曹妃甸岛已是岌岌可危，今天风大夜黑，浪高汹涌，通岛公路路基已被冲毁，两侧又是深不可测的海沟，行走在路基上的人有个闪失就会滑落深渊。现在去找人，就连这板房能出去吗？即使找到了，又怎能把他们救回来？也没有救援能力啊！

刚给孟凡帝介绍了现实状况，说出去找人、救人困难重重。谁知，电话里孟凡帝严肃地说："咱们毕竟熟悉那里的海况，不管有多大困难也要去找人！但要叮嘱他们千万注意安全！"

挂掉电话，杨义志再没说什么。

危难之中，共患难、同生死吧！

杨义志安排杨国良、张相林、杨广成3个年轻人前去搜寻。杨国良下过海，熟悉海上情况，让他做领队，带着两人相对安全。

于是，沉沉黑夜，茫茫大海，一场寻找50多位陌生人的艰难旅程开始了。

他们打着手电，每人手里拄着一根竹竿，探摸着已经被冲毁的路基，低一脚，高一脚，向前艰难地搜索着。两侧是深不可测的海沟，不小心滑落进去的话，即刻就会葬身大海，而此时冰冷的海浪在狂风的助力下，呼啸着，带着刺耳的鸣响，高高掀起，奔腾不止，时而没过他们的头顶。

仅仅2.2公里的路，已经走了一个多小时，他们不停地大声呼喊："有人吗？有人吗？"

摇晃的手电光，在海上飘来飘去，完全没有任何回应。

"会不会都让风浪冲走了？"杨广成疑惑地说。

杨国良赶忙说道：“别乱讲！赶快找！”

狂风吹得他们抬不起头，海浪打得他们睁不开眼，嗓子喊得嘶哑，就举着手电拼命地上下左右来回摇晃，但，耳边只有阵阵狂涛声、猎猎海风声。

杨国良趴在一堆乱石上向东看，忽然间，隐约发现在前方 100 米处停着一条船，上面似乎还有人影在动。

他急忙呼喊张相林、杨广成快走过去看看。

当他们来到船跟前，才知船已搁浅，四周又都是乱石堆，汹涌的海浪漫过，一波接一波地猛烈撞击着，发出令人惊悚的声音。

杨国良很是纳闷：船怎么驶到这里来了？

喊话，没有回应。

再喊，依旧如此。

就在三人准备登船时，突然，船舱里爬出一个人来，也摇晃了一下手电，对上号了！

拄着竹竿一步一滑地登上船，原来，刚才摇晃手电的是船长。

船长说，他的船载着的是十六公路处南通海洋工程公司的民工，共有 50 多人，起风后，项目部调度让他把这些民工送上岸。不料想，返回的半路上风力突然增大，船也顶不动了，狂涛巨浪一直把船推到这里，搁浅在乱石堆中进退不能，船舱也进水了，船随时都有被撞碎的危险，他们现在都躲在船舱里不敢出来。

众人打开船舱盖子，用手电一照，妈呀，里面黑压压的全是人头，操着不同的口音瑟瑟发抖地议论着，这样的风暴潮，甭说遇到，就连听说也没听说过。

“赶紧出舱，跟我们走，去灯塔那里，那边地势高，比这里安全。”杨国良高声说。

但，船舱里的人仍是一动不动。

“怎么回事啊?!”杨国良问船长。

船长回答：“他们是害怕外面的风浪，认为太危险，躲在船舱里安全，宁可死在船舱里，也不能死在大海上。”

杨国良他们急了，赶忙跳下船舱，抓起一个人，不由分说就向上推：“在这里等死啊?!”

甲板上、船舱里顿时乱成一团，被推上来的民工们惊恐地吵闹着、挣扎着，不想下船，似乎以为自己要被推向死亡之海。

来不及耐心解释，容不得温馨话语，紧急逃命成为当务之急。

一个小时后，他们把50多个人聚拢在船南侧20米处。

杨国良高声说：“大家不要害怕，排成队跟着我们去灯塔那边。”

人们刚刚排成队，走上残存的路堤，只听得身后的船“嘎吱嘎吱”几声巨响。再回头一看，哪里还有船？已经消失在暴怒的大海中，唯有残存的乱石堆仍凸起在海面上。

生死一瞬间！

杨广成将背着的尼龙绳分成三段，杨国良在前面牵着一头，杨广成扶着中间，张相林收在末端。他们让每一位民工紧紧地抓住尼龙绳，沿直线行走。

杨国良喊道：“任何人不准偏离绳子，两侧是深海沟，掉下去就喂鱼!”

一条20米长的尼龙绳，牵着50多个备受生死折磨的人们，踏上了奔向热爱生命的征程。

短短2.2公里行程，好似一场尝尽人间苦难的远征，更像是一次哥伦布探险式的远航。

凌晨两点多，随着杨国良，他们50多人终于到达灯塔下。

转眼间，杨义志的这个“大家庭”，扩张成近百人。

俗话说：“不当家不知柴米贵。”过惯了大集体生活的杨义志，此时也犯愁了。

关于这一幕历史。杨义志当时写过一篇日记。

摘录如下：

10月11日凌晨两点半。

按照孟凡帝的电话通知，说十八公里处还有南通海洋工程公司50多人，情况危急，希望马上派人把他们救回岛上。

我派出的杨国良、张相林、杨广成3人顶着风雨，很艰难地走了2.2公里，把50多人从破碎的木船上接回岛上。

一个涕泪横流的老爷子见到我，“扑通”一声跪在地上，连作揖带磕头，“救命恩人，救命恩人啊！”

把他们安顿在仅存的三间板房内，因为已冲毁三间。给他们做了六电饭锅米饭和五锅白菜汤。

吃过饭后，安排他们休息，一共是13个床铺，只能拥挤着坐着过夜，4人一条被子，我们都坐在地上。

我们原来十几个人给养，现在要维持90多人的生活，而且大家的衣服都湿透了，问题非常严重。

49. 旗下宣誓

杨义志，1959年9月生，滦南县南堡镇廒上村人。1976年高中毕业，在当时的杨岭人民公社当电影放映员。1978年参军，1980年入党。退伍后，在家乡务工、经商，后担任唐山方舟实业公司曹妃甸项目部副总经理。

杨义志（后排右一）与唐山市交通局和方舟公司曹妃甸岛施工人员合影

11 日一早，摆在杨义志面前的头等大事，就是岛上 90 多人的生存问题。

狂风恶浪还未停止，简易板房还能挺多久？给养咋办？

救援船只遥遥无期，孤岛上的这个“大家庭”饱受煎熬！

“大家庭”的人来自大江南北，语言不通，风俗不同。在特大风暴潮面前，恐惧、焦虑、绝望不时袭来，为了多吃一口饭、多喝一口热水，有的怒目相斥，有的垂头丧气，有的木讷地望着远方……

心理学家说：“人到了绝望沮丧的时候，就会产生或做出超越极限的思维和行为。”

真是让人担心啊！

杨义志床前的石英钟时针指向早晨 7 点多，早饭很是不尽人意，淡水不多了，用剩下的一桶淡水做成了一锅米饭，白菜做成了菜汤。有的人吃了一点儿，有的人甚至没吃上一口！

杨国良对杨义志汇报说：“米，仅仅够两顿，白菜仅剩三棵，油一滴都没有了，挂面还有一点儿，发电用的柴油也快见底了。”

杨义志听完，嘴上说：“不怕，飞机会空投来！”

但是，他心里明白，眼下，近百人的吃喝拉撒睡，坚持不了多久了。

孟凡帝刚才打来电话，说飞机一时不能飞来。

希望落空了。

最可怕的是黑夜，柴油一旦耗尽，栖息在这孤岛上，寒冷和恐惧让人极其难耐！

有着20多年党龄的杨义志，看了一下屋外的五星红旗，沉思片刻，迈开大步走向孤岛上拥挤的人群，大声说：“谁是共产党员，给我报个名！”

从人群中站出来四个人，纷纷说自己是共产党员。

杨义志把这四个人召集在一起，感慨地说：“咱们遇到危险了，到了最危急的时刻，为了大家，也为了咱们自己，决定成立一个党小组，我自荐任党小组组长。咱们必须团结起来组织带领大家在岛上坚定信心、展开自救、等待救援！死，咱们在前；生，咱们在后！你们听我的，服从吗？”

“坚决服从！”四人齐声说道。

摇摇欲坠的木板房前，那面五星红旗，被狂风吹得有些破烂了，但颜色依旧鲜红。

因为风太大，看上去，她已不是在空中飘扬，而是像一面“雕塑”，挺立在旗杆上。

五个人站在五星红旗下，不约而同地举起右手，目视着那面“雕像”般的旗帜，立下了铮铮誓言：“请党组织放心，这里有我们在，就有他们在！”

为了最大限度节约淡水、粮食、白菜，他们把做成的饭菜分成若干份，按照每人食量大小进行分配。

杨义志和方舟公司的职工们最后吃饭，饭不够了就挺着，喝上一口带着苦涩味道的水，填充一下饥肠辘辘的肚子，将最后一把米、最后一碗淡水，精心地留下来，给那些素不相识或只有一面之缘的“难友”们。

他们把身体不好、年龄大一点的人员安顿在条件较好的房间里，给予最好的棉衣。

五名党员分成三个小组，轮流在人们中间查询哪位民工身体不好了，哪位有啥突发情况，尽力解决。

为了节省淡水，做饭时已经不得不加一些沉淀后的海水，味道苦涩。武汉二航院的20多人几乎都来自南方，极不习惯。其中一位姓刘的工程师身体虚弱，总是拉肚子。

杨义志知道后，听说熬米汤粥和白菜混合在一起能缓解肠胃不舒服，就用节省出来的淡水，每顿都专门为这位工程师单独做白菜米汤粥。

果然，立竿见影。

孤岛上的“大家庭”，在生与死面前，手拉手心连心，紧紧地围在灯塔下，在孤岛上燃烧着、期盼着。

50. 孤岛日记

史万春，廒上村人，一位普通渔民，勤劳朴实，厚道善良，被村里人称为“好人哥”。他虽已年近六旬，仍是怀着一颗不服老的心，经常去海上、在船上打工干活儿。

家里人心疼他，劝他别再出去打工，但他总是笑笑说：“还没事儿呢，阎王爷都不要的人，身子还硬着呢！”

10月10日晚上9点多钟，他感觉不对劲，风不再是像刚躺下时那样“呼呼”作响，而是发出了“啾啾”之声，甚至还掺杂着长长的鸣叫，海浪声也由“哗哗”声转为“啪啪”声。于是，他对同住一屋的杨义志说：“义志，你听鬼在号叫呢!”

话音刚落，东侧的木板房发出“嘎吱——嘎吱”的声响。

杨义志立即穿上衣服，准备出去看一看。谁料想，他去推门，木门硬是死死地推不开，被大风吹得纹丝不动。他招呼起史万春，两人用尽力气强推开木门，刚迈出一步，就被风猛地吹了个趔趄，几乎跌倒在地。

东面的木板房又是几声“啪啪”。瞬间，东侧三间就被大风刮塌了。

情形万分紧急，接下来可能会形成整排倒，如果全部坍塌，他们这20多个人就非常危险了。

杨义志赶紧招呼起所有人，要他们用摆放工具的高铁架，把已经倒塌的板房从西侧顶起来，以免再危及西侧住房。

史万春年纪大了，人们不让他去，但他二话没说，也跟着走出了房门，和年轻人一道，抬着100多斤重的铁架，在已经倾斜的木板房墙上面一架架支起来。

面对呼啸的风雨，杨义志心里还是没有底：木板房能坚持住吗?

他在当晚的日记中，片片段段地记录下了难以入眠的心路历程：

10月10日晚10时半

风随潮而来，很猛、很大，把八间活动木板房上的玻璃刮碎不少，接着，就刮塌了三间。

史万春听着咆哮的海浪和越来越大的风声，未见过这样狂风巨浪的他，惊怵地问我：“义志，咱们能行吗?”

我回答说：“大哥，睡觉吧，没事，有这么多年轻人，你怕啥!”

10 月 10 日晚 11 时

岛的四周涨潮了，风力更大了，那潮水像是被推上岸的。

10 月 11 日 0 时

沙岗子底部的潮水漫上来了。

我们亲眼看见地上的柴油桶先是被冲起来，然后摇摇晃晃，不倒翁似的，忽然一个浪头打过来，整个柴油桶就倒了。忽忽悠悠地顺着潮水冲走了，冲得很远，最后看不见了。

所有人都立即行动，抢背沙袋，堆在这五间房的周围，以免被潮水冲走。果真那样，我们可就没有安身之处了。

庆幸护垒成功。

10 月 11 日凌晨 1 时

足有五层房子高的浪头，从岛南的主航道上直接向岛上猛扑过来，响声很大，惊天动地，很是吓人。

夜晚很黑，能见度很低。我们躲在五间活动木板房里，可潮势越来越猛，水位越来越高，等到没脚没膝再转移，很可能就来不及了。我们已经没处去了。

在风雨交加生死难料之夜，杨义志写下那些歪歪扭扭的字迹。今天看起来，或许显得少许笨拙。

然而，那模糊的字迹，却是第一手资料，绝对真实，无比震撼。

2022 年 9 月，一个秋阳高照的日子，笔者见到了已经退休的杨义志。他不再是当年那个英姿飒爽的壮汉，但军人背景，英气尚存。

“当时，感觉到生的希望非常渺茫了，写下那些文字也是一种寄托，万一我们人没了，日记本能留下来，让后人知道我们最后时刻的经历，它也许能成为打开那段历史的‘黑匣子’”。说着，已潸然泪下。

11 日拂晓，天色微蒙，怒涛依旧。

熬过惊险一夜的杨义志、史万春他们，仍旧看不到风的减弱。四周的海浪，像非洲大草原上一群群饥饿的鬣狗，围着猎物狂叫。

史万春从背包中找出最新的衣服，穿上，黯然地对杨义志说：“兄弟啊，我看这回全完了，家是回不去了，在海上半辈子，也没见过这样的大风大浪啊！就是海浪把我冲走，我也得穿着这一身新衣服走!”

说完，眼泪不住地流下来。

杨义志扭过头看了看他，没有言语。

此时，自己还有什么话可以宽慰他呢?

看着比自己年长好多的史万春，他们喝着一口井水长大，从村里那一亩三分地到大海上摸爬滚打，情同手足，感慨万千。

“义志，你给我找块木板去，写上我史万春的名字，埋在这里，万一我被潮水冲走了，也好给家里留下个记号，不能啥也没有。”史万春喃喃自语。

“大哥呀，你在说啥呢?！留下一人，也得是你！我们在努力争取呢，船会来的，飞机也会来的，你肯定没事儿的。”杨义志拉长声音，面带笑容，强作幽默。

信心，比金子更重要。

51. 救命钥匙

10月11日7时

浪头快把整个岛吞没了，平日涨潮时岛上剩下的面积本来就不大，可现在全成了水，真是汪洋一片，一眼望不到边。

已经不是岛了，和大海连成一片。

我们站在沙岗上，被潮水冲来冲去。（沙岗）面积正在缩小，再坚持还不得塌了，那可真是死路一条了。

岛上唯一建筑就是导航灯塔。

我们就奔那里去了，也只能奔那儿去了。

导航灯塔那边有个工作间，可容纳四五十人。

导航灯塔归天津航标处管，他们委托我们村一个渔民拿着钥匙，每月上岛检修一次，我们上岛前把钥匙要过来了，为的是可以储藏一些东西，有了自然灾害了还可登塔避险。

——摘自《杨义志日记》

一把普通的钥匙，为何被杨义志专门记录下来？围绕它，也有一段刻骨铭心的故事。

曹妃甸灯塔，塔楼东北面有一扇很小的门，位于二层，圆形的房子，两扇小窗，里面摆放着全灯塔的照明设备。

为了维护那些设备及上面的照明灯，原先天津航标处的人员每月定期派人来检修，往返一次很不容易。

廒上村渔民桑福申，很早就在曹妃甸附近海域下海作业，也时常留宿岛上，一来二去，和天津航标处灯塔维修人员混熟了。为了便于及时处理事故、进行简单维修，最后，维修人员便把开塔楼二层房屋的钥匙交给了桑福申，委托他经常看看，出现大问题及时联系。

几年后，桑福申年龄大了，不再去曹妃甸岛下海，就把渔船和灯塔钥匙交给了儿子桑丙利，有些子承父业的意思。这种情况，一直延续到 2003 年春曹妃甸通岛公路项目开工，杨义志带领员工登岛施工。

一天，孟凡帝来岛上查看施工进度，望着灯塔，若有所思：灯塔是整个渤海湾的制高点，可以登高望远、瞭望大海，也许对通岛公路施工有所帮助，万一遇到海洋灾害，塔楼也是一个好去处，且可以在二层贮藏物资……

于是，他就找到桑丙利，商量着把钥匙先交给杨义志。桑丙利每天忙于下海作业，当时正好无暇顾及灯塔，便乐意地转交了。

杨义志接过钥匙后，感觉自己每天事多，一会儿在岛上，一会儿去嘴东，遇到急事很不方便，便把钥匙交给了在岛上施工的方舟公司员工杨其久。杨其久非常心细，怕钥匙丢失，便用一条纤维绳系住，像项链一样，每天二十四小时挂在自己的脖子上。

谁也不曾想到，在那场特大风暴潮中，灯塔真的成为 90 多人的“保命塔”，钥匙真的成了“救命钥匙”。

10 月 11 日上午 10 点多，昔日不到 4 平方公里的小岛只剩下不足 50 平方米，90 多人拥挤在岛的最高处——灯塔上和塔的四周，摩肩接踵，拼命压缩。

毫不夸张地讲，那里绝对是地球上人口密度最大的地方。

海水不时涌到他们脚下，赖以生存的“领地”越来越小了。

杨义志和四名党员在人群四周来回地看着，让外圈的人手拉起手，围成一个圆，挡着不断涌起的海浪。

再这样下去，无异于等死。

与其等死，不如想办法尽快减轻被海浪吞没的压力。

杨义志抬起头，看见低垂的乌云间闪烁的灯光。啊，那是灯塔上的光！

虽然微弱，但犹如希望。

“其久哥，灯塔上的钥匙呢？”杨义志高声问。

“在我脖子上挂着呢。”杨其久回答。

“快给我！”杨义志急切地说。

杨其久从脖子上摘下钥匙，赶忙递到杨义志手中。

杨义志径直地向灯塔走去。

关于后来的情况，他的日记这样记述道：

10月11日10时半

我负责去开灯塔上的门。

门在导航灯塔的二层，朝着东北方向。

我从西侧上了旋形铁梯，风力出乎意料得大，迎面冲过来，高墙似的挡着。刚走到上面就乱石滚坡似的被大风掀下来，根本上不去！

可那也得上啊！唯一的办法就是多招呼人，让后面的人顶着我的屁股向上推我，最后终于把我推上了二层。

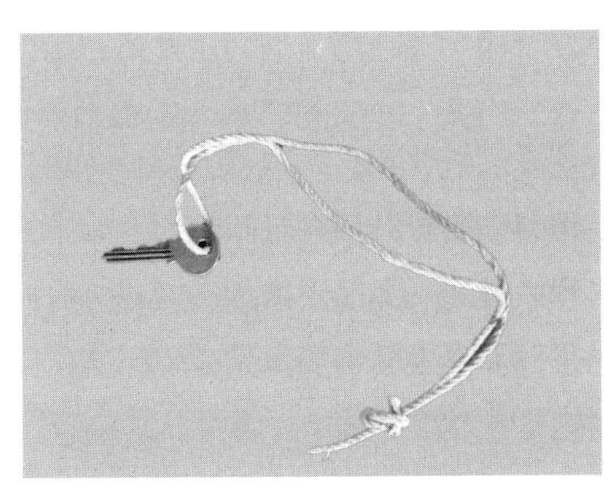

一直保留下来的灯塔门上的钥匙

我掏出钥匙开了锁，可是风太大，门

拉不开。后来有人出主意用绳子拉！

我们找来一根绳子，一头系在门把手上，另一头甩给后面的人，几个人一起用劲儿，把门拽开一道缝，前面的人就挤进去了。里边空间不大，我大概数了一下，有20多人，沙丁鱼罐头似的，挤得密不透风。

因为是水泥建筑，时间久了，就有裂缝，外面下雨里面也下雨。

我们不知道这狂风暴雨到底要持续多长时间，所以把锅和菜也匆忙搬了进去。剩下点粮食搬不动，就用挖掘机送上了二层。

外边还有75个人，再也没处去了，就都顺着铁梯爬上了导航灯塔，里三层外三层，就像深山古庙里的八百罗汉，一直从下叠到了顶。

风浪仍然很大，只觉得导航灯塔也在摇晃，随时都可能倒塌。

当人们拥挤到灯塔的塔楼上，曹妃甸小岛能看到的就是一座灯塔和一杆飘扬着五星红旗的旗杆。狂涛巨浪淹没了整座小岛，惊恐的人们在灯塔上有了暂时避难的“栖息地”。

多年后，中交第二航务工程勘察设计院有限公司经理万仁凯和笔者回忆说：“多亏那座灯塔，假如没有那座灯塔，我们都要被海浪冲走！”

历史学家说：“历史不可以假设！”

是啊，在这场特大风暴潮面前，假如钥匙仍放在天津航标处，门无法打开，受困的90多人不能进入塔楼，恐将全军覆没！

第十章　生命船

危急之中，刚救下一船人的孟凡江，再次出海。

周海生的渔船也出征了，然而，不可控的因素接踵而来，令人防不胜防。

灯塔下，期盼的人群望着救援船无功而返，内心一片凄凉。

风雨飘摇，时不我待。

重整旗鼓，屡挫屡战……

52. 再次出海

10 月 11 日凌晨 4 点多钟，已经一天一夜没有休息的孟凡江，把救回的 50 多人安顿在海来福货栈后，船停在了方舟加油站东侧码头。

此时，寒冷、饥饿让他倍感难受。

“姐夫，我做饭去，咱们先吃点儿东西。”李爱兵牙齿打战。

“好，这回也不至于害怕了。一个大小伙子，真没出息，哭哭啼啼的。经过这次大抢险，给你说个好媳妇!”孟凡江逗趣道。

“哎呀，你快别说了，现在我的心还没稳当下来，还在怦怦跳呢，谁见过这世面啊?!”李爱兵一边说，一边收拾炊具，准备做饭。

“快点儿做，来简单的，说不定咱们还得出去，你听对讲机里讲的，海上可能还有人呢，做好出海准备吧!”

孟凡江正要拨通妻子李丽梅的电话，问问生病的儿子怎么样了，突然，手机又响起来。

一看，是哥哥孟凡帝打过来的：“根据各项目部统计查询，通岛公路十三公里处附近以及其他地方还有人员被困，因联系已断，具体位置不知，人员数目不详。东莞市东江疏浚公司绞吸船失联的20多人也无消息，你对那边情况熟悉，马上再次出海，继续搜寻，营救他们。”

“你看，说曹操，曹操就到，是吧，真的还得出去!”孟凡江说。

李爱兵猛地扭过头，惊诧道：“我的天！还出去？不是都救回来了吗？再说还有那么多船没去过呢，不能总让咱们去啊!”

“人命关天，一刻都不能耽误！多少人在盼着我们呢。再说我是党员，对那里又比较熟悉。我先去看看油表!”说着，孟凡江走进驾驶室。

油量已经不足了，需要再加足柴油；否则，回不了嘴东码头。

他打电话联系了加油工，迅速启动船只，加满油后，很快又消失在狂涛巨浪中。

清晨6点，风依然猛烈，海浪的势头有增无减。

孟凡江第二次驾船刚刚驶出河口，孟凡帝又打来电话：“根据初步判断，在六公里处和十三公里处可能还有遇险人员存在，要尽快赶赴那里搜寻，看看是否确实有人。”

天渐渐放亮，乌云在海面上低垂着，犹如一块厚厚的毛毯。

他们沿着残存的通岛公路路基行驶，往日高高的路基变成了狂涛巨浪奔跑的广场，间或出现一座座乱石堆，那是苫盖路坡留下的石块。

孟凡江对李爱兵感叹："真厉害啊！钢铁长城般的通岛公路就这样没了，风暴潮太吓人了！"

李爱兵在驾驶室前面瞭望，突然看到不远处残存的路基上有人影晃动。他急忙指了指，于是，孟凡江握着舵轮，加足马力向残存的路基驶去。

当船越来越近时，孟凡江看到，在残存的路基堤坝上，大约有几十人蜷缩在这里，一会儿被汹涌的海浪淹没，一会儿又露出躯体，是死是活不得而知——看样子是不能动了。

行驶到距离残存堤坝不远处，他让李爱兵和船工站立在船头上大喊，但是，对方毫无反应。

孟凡江驾驶着船，小心翼翼地靠上去，凭着记忆，挨近浅滩，用船的动力死死地顶到堤坝的不远处。此时，摇摆不定的渔船随时都会被汹涌的海浪冲跑，船机必须保持最大负荷的工作状态。孟凡江一边高喊着，一边让李爱兵赶紧去驾驶室驾驶好渔船，又让两名船工在船舷边准备接应登船的遇险民工。随即，他带上其他船工，跳下船头，向堤坝上的人群走去。

狂风裹挟着冰冷的海水，一会儿卷起 10 多米高的巨浪从高处拍下，一会儿又像暴怒的牛低着头猛地撞向他们。

走近一看，人群有 50 多人，大多穿着单薄的衣服，全身战栗发抖，面无表情，死一般的沉寂在大约 20 平方米的路基上，有的蜷伏着蹲在残存的"袋装砂"沙袋上，有的闭着双眼斜靠在他人身上，有的则坐在护坡石上木讷地看着大海……

那些人发现了他们，胡乱地挥挥手再放下，只是望着，似乎已没有任何力量，也没有言语。

一夜风暴潮，把他们的理智冲刷殆尽，体能也将耗尽，是惊恐，是喜悦，完全看不出来。

此时此景，太可怜了。仿佛唐山大地震、泰坦尼克号的实情实景再次上演。

走到跟前，只见一张张苍白的脸，蓬乱的头发垂在额头或耳际。向他们喊话，仍是没有一句言语。

孟凡江高声喊道："赶快跟我们上船！"

随后又对那些瘫坐的人们说："别害怕，咱们上船，上面暖和，还有吃的，过会儿就把你们送到岸上去。"

其他船工走进人群，分别扶起颤抖连连的民工。

孟凡江俯下身子说："快站起来，跟着我们上船，这里很危险！"

但是，他们吃力地挪动着身子，怎么也站不起来。

船工赶紧上前搀扶，只见遇险民工刚迈出半步，随着"噗噗噗"一阵声响，又都瘫坐在泥水里。

海浪将要淹没残存的"小岛"，海水不时地在他们身下穿来穿去。

孟凡江高声对船工说："快，别搀扶了，赶紧背他们上船！"

背人上船，说起来容易，做起来多难啊！风浪大，水中还有乱石，况且还在不知深浅的水里，背上 100 多斤重的成年人，几乎寸步难行！

孟凡江一边弯腰，一边艰难地迈开步走向人群，又大声向船工们喊道："我个子高，我托举起他们比你们容易，你们赶快去扶其他人上船。"

船工们扶起能走动的人慢慢地登船。孟凡江则仗着自己人高马大，背起一个又一个快步走去。脚上虽穿着解放牌胶鞋，但脚下水中凸起的石尖刺破了他的鞋和脚，殷红的鲜血旋即被海水卷走，留下丝丝红线。双脚浸在海水中，揪心的疼痛。

他喘着粗气，紧咬牙关，每走一个来回，都是那样艰难，何况到船边还要用力托举。

不知走了多少个来回，回过头，还有三个人瘫坐在零乱的沙袋上。此时，海浪铺天盖地涌来，一位身体单薄的刚刚站立起来的民工被冲倒，随着涌起的海浪翻了几个跟头，抛向远处。

“不好，要被卷入大海!”孟凡江喊了一声。

于是，再也顾不上脚下的乱石，三步并作两步，跨到那位民工身旁，把一双大手伸向了他，紧紧地拉住。

突然，一个海浪奔腾着又卷过来。体重 110 公斤、身高 1.9 米的孟凡江被海浪瞬间撞倒在一块凸起的石块上。天旋地转，鲜血从额头“咕咕”冒出。

但是，两双手紧紧地握着，死死抓牢。

“你放开我吧，赶紧走吧，我回不去了。”民工说。

“不，我不能走，走了，良心何在！我背你走。”孟凡江回答。

……

历经千难万险，50 多位遇险民工终于全部被救上船。孟凡江躺在甲板上，筋疲力尽。

李爱兵把舵轮让给一位船工，赶忙来到甲板上，一手擦拭着孟凡江额头上的血，一手拉着姐夫的手，抽泣着，不住地摇晃：“姐夫，你没事吧?”

孟凡江睁开眼，哆嗦着说：“没事儿，都上来了，你们扶起我开船去，咱们赶快去六加，那里还有被困人员。”

孟凡江做了简单包扎后，李爱兵和船工把他扶到了驾驶室。

53. 风波又起

嘴东渔港，风雨飘摇。

广东东莞东江公司经理郭立凡紧闭双眼，斜躺在项目部的条椅上，不再说话。

孟凡帝拼命地联系着弟弟孟凡江及岛上的杨义志。施俭、周成也在不停地呼叫着海上遇险民工。

孟凡江忍着伤痛，驾驶着渔船，目不转睛地瞭望着眼前的一切，只见天连水，水连天，呼啸的狂风，苍茫的大海。

绞吸船啊，真的让海龙王吸走了啊?

此时，缓过神来的被救民工们，七嘴八舌地说起昨夜的惊险。

他们是在通岛公路龙口南侧十二点五公里处的施工民工。风暴潮起来后，驻地帐篷全被大风刮跑，通岛公路吹填路基大部分被冲垮。惊恐无助的他们聚集在一起，东躲西躲，不停地寻找着残存的路基。但是，狂涛巨浪下的通岛公路似柔软的面条，断裂，掀翻，一段段消失在大海上。

历经一夜的顽强搏击，筋疲力尽的民工们蜷伏在这块仅存的路基上，生与死交给了上苍！如果孟凡江的船再晚到半个小时，这块小小的“领地”也会被风暴潮吞没……

10 月 11 日中午 1 点多的曹妃甸海域，依旧波涛汹涌，狂风肆虐。

孟凡江驾着船，艰难地行驶到通岛公路六公里处附近。

他手扶舵轮，眺望大海。绞吸船上的弟兄们已经失联 16 个多小时了，你们在哪里，在哪里啊……

按照项目部提供的绞吸船吸沙位置，未能发现两条船的踪迹，大海上一路的行程也没有发现任何迹象。他驾驶着渔船，继续艰难地向北搜寻。

突然，李爱兵看到前方好像有铁架似的物体在大海的浪涛中时隐时现，用手一指，喊道："姐夫，前方像是绞吸船上面的铁架子！"

孟凡江抬头顺着李爱兵的手指方向看去，果断地说："咱们过去看看！"

于是，他扶着舵轮，强忍阵阵伤痛，牙关紧咬，迎着卷起的排排海浪，奔着发现的目标驶去。

突然，船底下"嘭"的一声，顿时揪起他焦急而又紧张的心！顷刻间，从船舱里传出喊声："不好了，船舱漏水了！"

他急忙下舱，看到船的左侧被石块撞出一个小洞，海水喷涌着倒灌而入。他赶忙叫李爱兵找来一条棉被撕成碎块，用斧头死死钉上。这是唯一的补救举措，否则，漏洞越来越大，直至船沉人亡。

但是，堵上，碎布块很快被海水顶出；又堵，还是被海水撞出……循环往复，险情迭出。

最后，李爱兵钉好后，又让两名船工抱在一起，死死地靠在钉好的漏洞上！

孟凡江驾驶着渔船继续向铁架处行驶。当他们看到裸露出的铁架时，所有人都惊得张大嘴巴，只见平日里偌大的1号绞吸船船身已沉入海水中，只露出上面的钢管架。20多人聚集在水面以下的驾驶室的顶楼上，相互拥抱在一起，任由海浪不断撞击，随时都有被吞没的危险！

孟凡江立即将船贴近绞吸船，让李爱兵和两位船工在船舷上接应遇险民工。

20多位民工顺着铁管架慢慢地爬向渔船，惊恐着，战栗着，脸色苍白，身体蜷缩……

年轻的船长最后一个登上渔船。他拖着疲惫的双腿，匍匐着爬到驾驶室，来到孟凡江的跟前，双手合十，举过头顶，用浓重的粤语颤抖着说："你真是我们两船人的救命恩人，再生父母啊！"

原来，这20多人也包括了2号绞吸船上的所有民工——翻船之前，他们乘坐救生艇过来会合。

孟凡江赶忙扶起他，安慰道："快起来，快起来，这没事，这没事！"

同时，他又在心中暗暗庆幸：两船人可都一起找到了！

于是，他让李爱兵等人赶紧把船上的食品、棉衣分送给大家。

风还在吼，浪还在涌。孟凡江抹了一把脸上的血水，用一块破旧的棉布敷上额头的伤口，加大油门，握紧舵轮，载着70多条生命，驶向嘴东渔港。

这次不会再出什么娄子了吧！大家心中暗暗祈祷。

真没想到，船行不远，突然发出两声"咚咚"的声响，紧接着剧烈地颤抖起来。

孟凡江瞬间把船停下，凭自己多年的下海经验，感觉螺旋桨叶被海上漂浮的土工布或渔网缠绕住了。他沉着地站在舵轮前，另一只手利索地合上传动离合器，想试着用桨叶的惯性甩下缠绕的土工布或渔网。

船向前挪动了两下，然后，继续利用离合器的功能，来回甩着桨叶上的土工布。经过一个多小时的努力，船虽然能动了，但仍因螺旋桨叶被杂物缠绕，再加上船体被撞坏，行驶速度降低了很多。

嘴东渔港码头，焦急的人们正在煎熬中等待。

郭立凡醒过来后，坚持来到抢险指挥船上，望着汹涌的潮水，不住地感叹："快20个小时了！咋办啊?!"

恐惧，无奈，幻想，度时如年。

破船上的石英钟定格在下午 4 点 20 分，孟凡帝的手机突然响起来，一看是弟弟孟凡江打过来的，急切地问道：“凡江，什么情况?”

孟凡江汇报了救人的情况。当听到已经把两条绞吸船上的人全部接到船上时，站在一旁的郭立凡“啊!”了一声，身子晃了一下，向后一仰，又一次晕厥过去。

众人见状，赶忙抬起，送到救护车上。躺在救护车护理床上的郭立凡醒来后，发疯似的举起双手喊道：“孟凡帝我的好兄弟，我们的救命恩人!”

10 月 11 日下午 5 时许，孟凡江驾驶着漏水的渔船，终于回到嘴东渔港。

李春雷（左）采访时与孟凡江的合影

码头上沸腾了!

人们涌向岸边，一双双温暖的手握着走下船的民工，一句句温馨的话语响在耳边，随之又满含泪水地寻找着那位英雄船长，可孟凡江，早已不知去了哪里……

南堡镇党委书记李景云、镇长霍文旺和厥上渔业村党支部书记周世平几番周折找到他，“市、县领导们都等着你呢，都想看看你这位救人英雄。”

孟凡江憨厚地一笑，“这有啥啊。一天一宿了，只是太饿、太困了，伤口还疼。大家都很累，不要再给领导们添麻烦了!”

说完，摆了摆沾着血水的双手，转身大步离去。

此时，百里之外的妻子李丽梅还在等着他的消息，他也在等着病中儿子的消息。

一天一夜。24 小时，在时间的长河中极普通极短暂，但 100 多条鲜活的生命却在其中得到重生!

孟凡江驾驶的抢险渔船，船号是“冀滦渔 03800 号”。

这条渔船建造于 2001 年底。孟凡江依靠自己多年在海上打拼的积蓄，又从亲朋好友中筹借一部分，凑足 60 多万元，才建造了这条船。流线型的船体，大功率的配置，完善的各种设备，精致的手工打造，在当时较为先进。

2003 年“10·11”海上抢险中孟凡江驾驶的渔船

因为抢险时超强度出海，再加上风浪和乱石碰撞，船体严重破损。之后，孟凡江做了简单维修，继续出海打鱼。后来，他多次想转手，再添置一条新船。

思虑再三，终究没有舍得。

直到10多年后，渔船退休。

现在，“冀滦渔03800号”渔船，已成为海上大抢险中留下的珍贵实物，吸引着众多参观者、朝拜者。

他们当中，既有当年乘坐该船出海的抢险者，又有听过“10·11”大抢险故事而受感动的寻访者，更有那些死里逃生乘船归来的被救者。

54. 破釜沉舟

周海生，滦南县南堡镇廒上渔业村村民，时年28岁。虽说年轻，但20多岁便成为一名共产党员。因为早早地就下海讨生，积累了丰富的海上作业经验，并被推举为船队队长，统领着村里20多条大型渔船常年闯荡在大海上。

10月11日下午2时。

薛渤珣、王志勇、施俭坐上周海生船长的大型渔船驶出了嘴东渔港出海口，紧随其后的是6条较大渔船——他们按照预定的救援方案，奔向各自确定的救援目标。

周海生驾着渔船刚刚绕过嘴东海域的“港上”，就被一阵阵排山倒海似的大浪打得有点儿发蒙。只见从船头涌起的巨浪，带着刺耳的浪涛声，像一头头猛虎下山，扑向船尾。顿时，全船皆为白色，埋在水里。这就是可怕的当地渔民称为“浑船埋”的现象。

他的船像一只水瓢，在大海里上下左右摇摆着。薛渤珣坐在右侧甲板上，双手紧紧地抓着船舷，细心观察着周围的一切。

突然，他看到不知从哪里漂来大量不成片的碎渔网，其中不时混杂着块块不成型的船木板，最可怕的是还有成片的油渍。这一切，让海边出生的他心中产生一种不祥的感觉：只有船沉了，才会产生这样的场景啊！

王志勇似乎看出薛渤珣的心思，大声说："薛主任，这是下海渔船留下的?"

薛渤珣没有答话，继续看着远方。

这次出海的渔船虽说较大，但只是相对于过去的小渔船而言。其实，也不过是 20 米长的木质渔船，抗风浪能力并不强。

渔政部门有严格规定：海上超过 7 级大风，严禁出海作业。

当过侦察排长、学过军事气象的薛渤珣，感觉到这风足有 11 级。

7 条渔船在周海生的引领下，在波涛汹涌的大海上，像水瓢一样"跳跃"着，慢慢地行进着。

王志勇回头看了看，不禁纳闷起来：后面的船怎么不见了？哪里去了？

他对薛渤珣说了一下情况，挪到了周海生的驾驶室里，听到他的对讲机里已经乱成一锅粥。

"我们去不了！"

"走不动了，回去吧！"

"我带的小'门锭子'（一种有动力的小型渔船）进水了，要沉下去了，走不动了！"

……

风大浪高，船小力弱。这些船长们虽然身经百战、经验丰富，但是面对着从未经历过的百年不遇的特大风暴潮，还是胆怯了。

周海生通过对讲机得知，其他 6 条船组成的队伍已经被狂风巨浪吹打得七零八落，谁也看不到谁了。

薛渤珣走到对讲机前，拿起话筒，要求大家按照预定方案，有能力的渔船继续前进，不能掉队，保持联系，坚决完成救援任务。

多年后，面对作者采访，薛渤珣深情地回忆起那天的情景："我们在海上行驶太难了，从嘴东渔港出发的 7 条渔船，经过两个来小时的航行，历经重重险情，只剩下 3 条渔船到达了目的地。"

那些掉队的渔船，并没有逃避狂啸的海上世界，也没有顺着大潮的流向返回渔港，虽然险情把他们阻止在途中，但他们坚守在那里，仍然等待着使命，伺机而动。

剩下的救援队伍，有两条渔船各自带着一只小"门锭子"船，这是准备到曹妃甸岛或通岛公路边缘时，如果大船登不上岸，就用它们登岛接人。谁知风暴潮下，这些小"门锭子"经不起风浪摇摆，船舱很快就严重进水，反而成了前行的"包袱"。

当薛渤珣带领救援船队驶入深海水域时，随着浪大潮涌，小"门锭子"狭小的船舱灌进去的水越来越多，渐渐地开始下沉，拖累着前面的大船继续前行。

后面的船长们不停地在对讲机里呼叫着："怎么办?"

薛渤珣急切地问周海生："这怎么办呢?"

"没有小船，无法上岸，都沉了就救不了人，但是，小'门锭子'拖着大船也非常危险!"周海生说道。

薛渤珣沉吟片刻，又拿起对讲机大声说道："扔掉灌满水的小船，全扔掉!"

每条小"门锭子"价值在 5 万元以上，当时，对于年收入不足万元的渔民来说是一个不小的数目。靠着辛辛苦苦下海捕鱼、省吃俭用添置的小船，可是每个渔家重要的"家当"，也是全家老小保命的依靠。

把小“门锭子”沉入大海，勤俭持家的渔民们是多么不舍啊！

“船沉了，往后咋添置啊！”

“船是下海人的命根子啊！”

“不沉不行吗？”

薛渤珣听着对讲机里的话语，一时语塞。他当然理解渔民们的心情，也熟知他们生活的不易，但此时，岛上那边还有近百人等着救援啊！再说万不能因产生次生灾害而伤人。

生命至上，生命无价！

薛渤珣在对讲机里严肃地说道：“沉也得沉，不沉也得沉，经济账不是问题！救人要紧！”

话音刚落，狂风巨浪声中响起一串串“咔咔”的声响。

船长们砍断了缆绳，小“门锭子”瞬间葬身大海。

薛渤珣看着手握舵轮的周海生，沉默了。

缓一下神后，他喃喃自语道：“下海的不容易啊！大家做出的这些牺牲，我们会全部赔偿……”

“薛主任，别说这个，今天这样的天气，就是放着10万元巨款，让我们来取，我们也不会来！我们渔民的命，也是命！”周海生应声回答。

是啊，谁的命不是命啊。

大家都不说话，眼里都泛着泪光……

他们驾着船在通岛公路西侧自北向南继续寻找。然而，一无所获。

薛渤珣的心碎了。

昔日热火朝天的场景已荡然无存，贯通在望的通岛公路损毁殆尽，半年多的心血在这场无情的风暴潮中付之东流。

两个多小时过去了，天色暗了下来，还是没有发现一个人。

按照他们来之前得知的消息，南通海洋工程公司有50多人在通岛公路上。怎么会不见踪影呢?

现在他们哪里去了？是不是……

薛渤珣禁不住打了几个冷战，不敢多想。

4时30分，电话响起，是孟凡帝。他赶忙大声问道：“凡帝，啥情况?”

孟凡帝回答道：“薛主任，十三公里处50多人及绞吸船20多人已被救回，即将到港。十八公里处南通公司的50多人已被救到曹妃甸岛上，暂时躲避在那里。”

喜忧参半——喜的是又救回近80人，忧的是岛上还有那么多人。海边出生的薛渤珣明白，曹妃甸岛海域恶浪更凶、危险更大，他们的情况一定不妙。

傍晚6点钟，初冬的天彻底黑下来。

薛渤珣、王志勇、施俭他们向南眺望，看不到曹妃甸岛，看不到灯塔上闪烁的光芒。

请示市指挥部后，他们决定返回嘴东渔港。

55. 汪洋孤塔

10月11日下午5点多，随着孟凡江载着近70人安全登岸，通岛公路上的被困民工已基本被救回。但曹妃甸岛上90多人的安危，仍然绷紧着人们的心弦。

除此之外，尚有三人下落不明。

灯塔，灯塔，目光聚焦！

11日下午3时半，孟凡帝给杨义志打去电话，询问岛上情况。往日快人快语的杨义志却是语速缓慢，语音低沉。

“孟总，大潮看样子是不涨了，但还没退下去。眼下，我们所有人全躲在灯塔上，塔下都是水。风暴潮的危险有一定程度减轻，但最大的问题就是给养问题，没淡水、没油、没电、没粮，夜晚非常寒冷，救援船何时到来啊?”

“做好大家的思想工作，稳住情绪。现在已派出曹友宝的船还有另外一条船去了你们那里，已带去给养、棉衣，多鼓励大家，再坚持一下!”

“好，我们会坚持下去，等着大船到来!”

曹友宝，滦南县廒上村渔民，时年41岁。

11日一早，他接到孟凡帝电话后，立即来到渔港码头，和周世珠、桑炳珠一道按照指挥部的安排，准备驾驶自家渔船出海赴曹妃甸岛。

下午1时，他带周世珠、桑炳珠、曹荣山和另外一条船一起出海，奔赴曹妃甸岛。

风暴潮已经整整一天一夜了，但是，海面上仍然看不到减弱的迹象。

曹友宝船上的对讲机传来孟凡帝的声音：“世珠，你们到哪里了?甸上的情况你熟悉，一定要想尽办法把人救回来，万一登不了岛，要千方百计将物资送上岛去!听到后回话!”

“好的!我们已经接近甸上，就是风太大，船行驶太慢。”周世珠回答。

狂涛中，曹友宝他们远远地看见了灯塔，但和往日不一样了：

原来是孤岛上的灯塔，现在则是汪洋中的“孤塔”。

近了，近了，他们看到从塔的一层旋梯一直到二层塔楼，密密麻麻都是人。塔上的人似乎也看到了他们，不住地在摇晃着手。

周世珠对曹妃甸太熟悉了，从前他常年在这里捕鱼，一直到通岛公路开工建设，可以说十几年的青葱岁月都是在此度过。

尤其是通岛公路建设半年多来，他作为方舟公司船队队长，对这里更是了如指掌，每一段路基的吹填、石料的投放，他都心中有数。而此刻，远远望去，只有上岛第一天竖起的那面五星红旗还在狂涛中飘扬。

凭着灯塔和五星红旗的坐标，他让曹友宝驾船从西北面准备登岸。那里比起其他地方海浪要小，因为东面原来是岛上沙丘，能减缓海浪冲刷力度。

谁料，曹友宝的船快要接近小岛时，突然搁浅了。

顿时，前后不能动，只是死死地吼叫，而那里又是海浪最大的地方，非常危险。

紧随其后的船，赶忙在远处停下来。

十几米高的大浪猛烈地撞击着船板，不时地发出“啪啪”巨响。有着 20 多年下海经验的曹友宝，来回快速地转动舵轮，加大油门，不停地摆动着，利用船的桨叶冲击力，慢慢地使船脱离开浅滩处，停在了小岛不远的海域。

站在灯塔一层的杨义志，看到救援船只到来，既兴奋又担心：兴奋的是终于看到了希望，担心的是船能不能靠上来；如果靠不上来，人还是不能登船——因为距离太远，海浪凶猛。

年轻的杨国良不甘心，急得在灯塔上团团转，再三请示杨义志，能否下去看看情况。

事已至此，只好如此。

他穿上雨衣，小心地走下塔楼，手里拿着一根竹竿，准备下水看一看、探一探，如果可以，再让塔楼上的人下水登船。

杨国良一步一步地向前探摸着，小心翼翼地走着。他抬起头，看到了比他年长的曹友宝哥，看到了略小几岁但又那样熟悉的曹荣山侄子，看到了自己的领导也是同龄人的周世珠哥，还看到了朝夕相处的邻居桑炳珠，更看到了渴望已久的大船！

他举起竹竿，猛烈地摇晃了几下，高喊："二哥！二哥！"

一个趔趄，身影和声音顿时被海浪湮没了。

他爬起来，继续向前走着，越走感觉越深。突然一个海浪涌过来，把他重重地压倒在水中，苦涩的海水呛得他睁不开眼。他又撑着竹竿，艰难地站立起来，捋一把脸上的水，强睁双眼，定睛看看远方的大船。他确定，不能再向前走了。

最后，他无奈地举起竹竿，晃了几下，示意救援船回去——因为大船无法靠近，岛上的人也不能涉水登船。

曹友宝、周世珠、桑炳珠、曹荣山他们在船上，望着骇浪中杨国良转身的背影，沉默不语。

杨义志的日记，真实地记述了那天的状况。

10 月 11 日 16 时

终于盼到孟凡帝派来大船来救我们了，可中间隔着水流湍急的浅滩，根本靠不了岸，我们也过不去。

我伤心地用对讲机对孟凡帝说："回去吧！回去吧！"

实在无法救援，大船只好开了回去。

我们望着大船掉头，都绝望地哭了。

唯一的出路就剩两个字：坚持！

他写完这篇日记，把小本子用塑料布裹好，装在随身背着的皮包里，抬起头看了看天。

周世珠、曹友宝也未能把给养送到岛上，怀着依依不舍的心情，带着两条船返回嘴东渔港。

靠岸时，已是晚上 9 点多。

56. 等待涨潮

夜凉如水，会议室内，荧光灯依然亮着。

还没吃晚饭的秦少清、盛新丰等 20 多人，刚刚组织卸完一车从滦南县城发过来的救援物资，从码头上回到方舟公司，等待着海上消息。

孟凡帝和几位船长沉默着，坐在会议室的椭圆桌旁。

晚上 9 点 30 分，周世珠、曹友宝他们走进会议室。所有人都站起来。

周世珠如实汇报："现在甸上危险仍然不小，风虽然减弱了，但是，海浪还很大，整个小岛还在被海水淹没中，那里的人都聚集在灯塔上，我们的船只能到附近海域，根本靠不上岸！"

说完，喘着气，喝了一口水，继续补充："现在依靠大船去救援根本不行，只能派小船登岛，把甸上的人接回来，

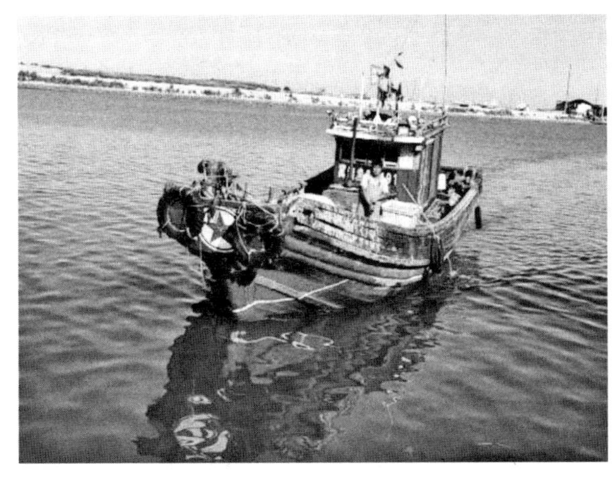

当年出海抢险使用的"牛船"

但是，甸上那儿风大浪急，小船去太危险!”

人们议论纷纷，商量着解决办法。

秦少清看着孟凡帝，“凡帝，你是抢险组组长，情况熟悉，看看想啥办法组织救援!”

孟凡帝扭过头，看了看坐在他身后的船长们，“咱们还得继续出海抢险，看看大家有啥好办法，把甸上的90多人尽快救回来!”

船长们你一言我一语，说着各自的意见、建议，莫衷一是。

孟凡帝低头不语，似睡意蒙眬，又似沉思默想。他忽然抬起头，揉了揉布满血丝的双眼，向坐在前面的县、镇领导们说：“我有个方案，大家看看这样行不？组织八条船去，四条‘812’，两条‘门锭子’，用大船拖带，再配上两条‘牛船’，分成三个梯队，既保障小船的安全，需要时又可用小船登岛救人!”

副县长崔恩富接话：“凡帝，你决定就是了，要把最结实的船派出去，绝不能产生次生灾害。也听听各位船长的意见!”

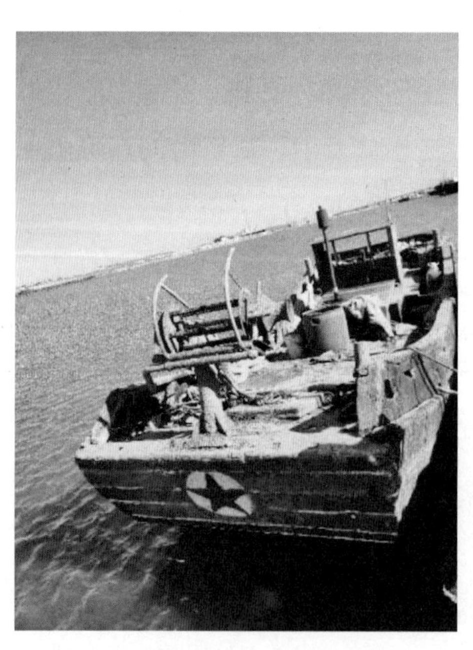

当年出海抢险使用的“门锭子”

会议室里坐着的船长们异口同声道：“没问题，我们去!”

孟凡帝望着依次在座的船长，根据各自渔船的具体情况，又把刚才的话重复一遍——因为“牛船”不仅抗风浪能力强，载荷量大，吃水还浅，便于靠岸登陆；“门锭子”更易于浅海处靠岸。

随之，他又补充说：“看潮水涨落的情况决定出海时间，尽量提前、提前、再提前。”

时间已是晚上 11 点多，秦少清拿起电话，向在冀东监狱第四支队的市抢险指挥部做了汇报。

市抢险指挥部立即电话批示，同意滦南县抢险指挥部制订的救援方案，要求滦南县委、县政府抓紧组织落实，不得有任何延误。

时间指向 11 点 45 分，秦少清传达完市抢险指挥部的意见后，滦南县抢险指挥部就预案落实情况紧急召开专门会议，进行部署。

会上，孟凡帝问周世珠：“几点涨潮？”

“大约在凌晨 3 点！”周世珠回答。

孟凡帝接着说：“好，3 点半，8 条船一起准时出海！统一对讲频道，还是由你来领队！”

此时，周世珠已是近两天两夜没有合过眼了，说话间眼睑下垂，头不停地向下磕起来，当听到孟凡帝说让他再次作为领队出海时，又猛地惊醒，斩钉截铁地回答：“中！”

“好！决战就在明天，成败在于大家，一定要想尽一切办法，克服一切困难，争取尽早尽快把遇险民工抢救回来！凡帝，要时刻与岛上民工保持联系，万不得已时就想万不得已的办法！救人要紧！”秦少清最后表态。

滦南县医院救护专用车辆等候在码头上

“秦书记，我们坚决按照制订的预案，全力组织好船长和渔船，争取每一分每一秒，保证完成任务！”孟凡帝回答得干脆利索。

57. 三代出征

张运生，现唐山市曹妃甸区柳赞镇大庄河村人，时年 47 岁。因家境贫寒，15 岁辍学，跟随本家伯父下海捕鱼营生。

张仲彬，现唐山市曹妃甸区柳赞镇大庄河村人，时年 30 岁。其祖父于新中国成立前入党参加革命，后来成为一名国企干部。父亲张汉臣 18 岁参军，20 岁入党，退伍后回村一直担任村干部。

张达，张仲彬之子，时年 5 岁。现为中国人民武装警察部队战士。

午夜零点的钟声已经响过，孟凡帝却丝毫没有睡意，望着窗外的瓢泼大雨，听着刺耳的风声，不停地在办公室来回踱步。

原计划 3 点多出海的四条 812 型大船已经安排好，两条小“门锭子”也到位了，可是两条“牛船”去哪里找啊？

眼下村里倒有几条，但都破旧不堪，难于应付这样的坏天气，如若罔顾现实，强行出海，恐怕危险性极大！

他掂量着、思索着，脑海中不时闪过一个又一个名字……

凝神片刻，便打电话把加油站调度孟庆荣招呼过来，说明情况后，问他嘴东渔港哪家有结实的“牛船”。

孟庆荣，心细如针，往往能给他带来有用的信息。

果然，孟庆荣不假思索地回答：“有两条好‘牛船’，是大庄河张运生和他侄儿张仲彬的，都是去年建造，非常结实！”

孟凡帝向孟庆荣要过张仲彬的电话号码，准备亲自打电话，问问能不能出海。

他与张仲彬素不相识，还是通过孟庆荣刚才的介绍，才知道嘴东渔港有这么一个人。

午夜1点半，电话通了。

“你是仲彬吗?”

“是啊，你谁啊?”

“我是孟凡帝，有个事儿想请求你支援一下。”

“哦，虽说咱们哥俩没有过交往，但我知道你，你有事儿就直说吧。”

孟凡帝把出海救人的事简要和张仲彬说了一下，接着道：“海上现在仍有近百人被困，想让你和你姑父张运生一起出海，去往甸上救人。”

“哦，大哥，我知道了，别的不用说，我和我姑父说一下就可以了，我们就在船上住呢，几点走告诉我们就行!”

没想到，张仲彬竟然答应得这么痛快。

孟凡帝兴奋地说：“好！好！好！凌晨3点半准备出发，由方舟公司船队队长周世珠和你联系，并由他统一指挥出海。”

“好，一言为定!”张仲彬回答。

2002年秋季，张仲彬和姑父张运生一道建造了两条新“牛船”，改行在曹妃甸通岛公路项目部跑起“交通”。父亲张汉臣呢，白天帮着儿子在船上干活儿，晚上则回到妹夫船上休息。船就停靠在嘴东渔港。

挂断电话后，张仲彬立即给姑父打了过去。

睡意蒙眬中，张运生没有说啥，只是道：“到点儿再给你爸和我打电话，准时出海!”

张仲彬在嘴东渔港没有住房，也就是没有自己的“家”，妻子带着5岁的儿子一直跟随他吃住在船上，船成了他们唯一的依靠。

张仲彬一边等着出海的消息，一边思量着：孟总深夜来电，一定是情况紧急，出海可能也是马上的事儿！船舱里熟睡的妻子和儿子咋办呢？让他们跟随我去吧，风大浪急，极其危险；如果不让她们娘儿俩去，深更半夜的，又怎么安置？真让人犯愁！

正想着怎么办，电话铃声响了，是周世珠打来的，通知他和他姑父3点半准时出海，对讲机保持畅通，定位曹妃甸岛。

接完电话，张仲彬立即通知姑父和父亲，约定好在嘴东河口处与其他四条船汇合，一起开赴曹妃甸岛。

张汉臣说：“彬彬，要不我回到咱们船上去吧，我放心不下昌菊他们娘儿俩！”

“爸爸，没事儿，你陪着我姑父就是了。”

可能是习惯了船上摇摇晃晃的生活，等他把船机发动起来，驶离嘴东港湾，妻子和儿子谁也没有出一点声响，还沉浸在梦乡里。

张仲彬看着娘儿俩，无奈地摇摇头，自言自语：“这两个‘傻帽’啊。”

他们的两条“牛船”，跟着四条812型渔船和拖带的两条“门锭子”，迎风冒雨，劈波斩浪，在夜色和狂涛中穿行，不时被海浪撞击，发出阵阵刺耳的声响。

驶到嘴东渔港河口外，妻子被撞击声惊醒，从船舱里的小床上一骨碌爬起来，突然又被船身的一个跃起掀翻在船板上，摇摇晃晃，无法站立。

经历过唐山大地震的妻子，以为发生了地震海啸，赶忙爬起来找手电，但那玩意儿早已摇晃得不知去了哪里。黑暗中，她终于摸到儿子，抱起来晃了一下。儿子被惊醒了，瞬间发出“啊啊”的哭声。

"彬彬，彬彬！"

"你要干啥去？你这是在哪儿啊？"

张仲彬在驾驶室里，满耳的风声、浪涛声，根本听不到妻子的喊叫声。

妻子抱着儿子推开船舱盖子，想到上面看个究竟。突然，一阵狂风打过来，舱盖"哐啷"一声不知去向。随即一波涌浪盖过船舱口，把她和儿子浇了个全身透，她又赶忙回到船舱。

透过驾驶室的玻璃窗口，张仲彬借着灯光看到妻子想上来，有心放下舵杆去阻止，但驾驶室里只有他一人，万万不能离开！

他焦急万分地默念：我的好媳妇，你千万不能带着儿子到上面来啊！儿子太小，上面站不住人！

于是，只好继续紧握着舵杆，同时，见缝插针地朝着船舱方向大喊："千万别上来啊！在船舱里猫好！"

妻子隐约听到喊声，紧紧地抱着儿子，蜷缩在船舱一角，任由船不住地摇晃和颠簸，海水时不时地涌向船舱。

常年水上漂，从不晕船的妻子，感觉到胃里和外面的大海一样翻腾不息，各种难受，各种痛苦，让她一会儿坐起，一会儿斜躺下，只能紧紧地抱住儿子，只求儿子别哭别闹。

"哇哇哇……"在接连地呕吐下，眼前一阵发黑。

这时，儿子也"啊啊"大哭起来，这让她更加呕吐不止。

"哇哇哇……"

"啊啊啊……"

紧闭双眼，像泥一样瘫倒在船舱里的小床铺下。那感觉，世界末日也不过如此。

张仲彬一边驾着船，一边细心地听着船舱里的响声。外面风浪太大，怎么也听不到动静了！

他心急如焚，停下船，抛了铁锚，准备去船舱看看。

跳下船舱，借着手电光，他看到脸色蜡黄、双眼紧闭的妻子，走到跟前，双手拉着她喊道："昌菊，昌菊你咋的了？"

不懂事的儿子还在妻子怀里哭着。他赶忙抱起儿子，只见妻子睁开双眼无力地说道："没事儿，晕船了，这是去哪儿啊？出啥事儿了？"

"没事儿，去甸上救人，马上就到了。你能行吗？"

"哦，我行，没事儿，就是晕船，快把孩子给我，赶紧走吧，这儿不是停船的地方。"

行驶在前方的张运生发现张仲彬的船不知怎么回事停在海上，顿时也着急起来，赶忙让张汉臣给儿子仲彬打电话问问出了啥情况。

"彬彬，咋回事儿啊？"

"爸爸，没事儿，昌菊有点晕船，我马上就走！"

"我孙子没事儿吧？我不放心啊，要不我过你船上去！"

"爸爸，没事儿，快到甸上了，别折腾了，他们娘儿俩真的没事儿，回去再说。"张仲彬说完，放下电话。

在船舱里躺着的妻子喃喃地说："快把孩子给我，你快开船去，要不爸爸、姑父他们老惦记，再说不是还等着去救人吗！"

58. 激战甸头

10 月 12 日早晨 6 点多，曹妃甸岛西北面，云层遮天蔽日，风浪排山倒海。

这里，被当地渔民称为"甸头"。

甸头，水深岸阔。往常看似风平浪静，如遇大风，便浪高汹涌、气氛诡异。

但是，又最适宜船只登岛。

自通岛公路开工后，来曹妃甸岛上施工、勘查和运输的船只都在此停泊、登岛。为方便工作，方舟公司就在“甸头”搭建起简易码头，供应通岛公路上所需物资。

7点左右，随着海浪减弱，灯塔四周露出了隐约的滩涂，乌云依旧浓重，笼罩着茫茫天空。

杨义志走下塔楼，走进海水中，试了试深浅。

两个小时前，孟凡帝给他打来电话说，派来的八条救援船已经从嘴东渔港出发，让他们做好准备，等待救援。

虽然已经熬过了漫漫长夜，但随着岛上粮食、淡水、菜、油等生活物资的相继耗尽，饥饿与寒冷越来越让人难受。

更加令人绝望的是，就连从岛南侧那口含有高浓度甲烷气体的井中取来的水，也已用完，且井口现已被大潮彻底淹没了。

当初，是大家都不愿意喝；如今，是想喝也喝不到了！

若非在淹没之前取了几桶，真不知怎么度过漫漫长夜！

是遗憾？是庆幸？杨义志傻傻说不清。

他抬起头，望着远方的大海，水天一色，漫无边际，不知救援船何时到来……

唉，再等等吧……

一直熬到上午8点多，在远处汹涌波涛之间，终于看到了船影。

杨国良喊道：“船来了！”

人们随着他的喊声不约而同望向西北方，仔细地数了一下，果然是八条！

一时间，人头攒动，雀跃起舞。

周世珠站在船头，远远望去，塔上的人渐渐地下来了，浅浅的滩涂上站着几个人在向他们挥手。

他果断决定，大船带着“门锭子”都停在深水区待命，两条“牛船”继续前进登岛。

张运生和张仲彬按照周世珠划定的航线，准备在方舟公司临时装卸石料的简易码头上靠岸。

已是多年船长的张运生，在靠近简易码头时惊呆了：这哪里还是从前的码头啊?！以前，他每天运送人员和物资都是靠泊在这里，现在早被海浪冲得看不到任何踪迹，汪洋一片，无处着陆，这能靠上去吗?

他拿起对讲机，让跟在后面的张仲彬先停一下，自己过去试试再说。

杨义志、杨国良看到船只过来，赶忙蹚着没膝深的海水去迎接，虽然距离尚远，但是他们相互大声喊话已能听到。

“运生哥，原先的码头不能用了，从西面过来，那儿可以靠船，我们也能走上去！”杨义志朝张运生喊。

张汉臣走出船舱，对张运生说：“我在前面问他们，你驾着船，听我指挥！让彬彬紧跟上！”

张运生不愧是下海的“好把式”，他带着张仲彬躲过恶浪险境，越过暗沙激流，最后终于靠在了“甸头”的“小湾子”里。

这里虽然水深，但受东面岛上沙丘的阻挡，海浪相对较小。

疲惫不堪的人们已经在停靠船的岸边自发聚集，盼望的时刻终于到来了！

“大家别着急，慢点儿上船，千万别出事儿！义志，一共是多少人啊?”张运生望着涌来的人群，有点惊慌失措。

“我们统计过了，一共是 96 人！”杨义志回答。

“好的。彬彬，让他们先上你的船！咱们分三次向大船上送人，每次不能超过 35 人!”张运生朝着张仲彬喊。

张运生驾船停靠在所谓的“岸上”。说是岸，其实就是一个长约 10 来米的小沙梁，下面就是黝黑可怕的“甸头”深水区，虽然这里风浪小点儿，但稍不留神就会坠落水中。

张仲彬驾着船慢慢地靠了上去。顿时，人们蜂拥而至，因为都从一侧上船，船体在海浪中刹那间失去平衡，严重倾斜。

情急中的张运生连连大喊：“快停下，快停下，快停下……”

假如人们继续上船，随时可能发生翻沉，体力虚弱者会没入大海，后果不堪设想!

幸好，这一状况被及时制止了。

2021 年 12 月的一天，笔者在曹妃甸区柳赞镇大庄河村采访到张运生。

他已 67 岁，随着冬季到来，正赋闲在家。多年来，靠着自己的勤奋，日子过得红红火火，享受着天伦之乐。

回首往事，他说：“当时，我看到彬彬的船产生倾斜，那么多人将要翻沉入海，能不着急吗?! 就是那一刻过分着急，把嗓子都喊哑了。”

看到人们回到原地，张运生说：“义志，你们在岸上组织上船，我们爷儿仨在船上接应，30 个人一拨，分拨登船!”

张汉臣从张运生的船上扛来三块木板，搭在了船与“岸”上，又把铁锚紧紧地固定在沙梁上。这样，有了上船的简易通道后，人们才开始陆续登船。

杨义志首先把第一批 32 人组织好，让他们沿着搭建的木板上船。

“旱鸭子”们哪里走过这样摇摇晃晃的“独木桥”，为了保险，在每个人的腰间系上一条绳，一旦落水，两边的人可向上拉拽。

经过近一个小时，张仲彬才满载 32 人驶向了大船。

紧接着，张运生把船驶了过来，准备让第二拨人上来。

这次，杨义志又组织了 30 人。

“独木桥”搭好后，人们沿木板上船，当最后 3 人一起过来时，腰间绳子刚刚系好，突然，一个巨浪袭来，把他们全部卷走了！

张运生沙哑着嗓子大声喊叫，让船上的张汉臣和岸那边的杨义志猛劲拉绳子！真是万幸啊，历尽千辛万苦，遇险者终于被拉到船上，虽然海浪已呛得他们不省人事，但生命无碍，躲过一劫！

张运生松了一口气，用力加足油门，驾着船直奔大船而去。

杨义志回过头来，数了数，算上自己的人，还剩下 45 人，说道：“大家别着急，这回我们肯定还能回去！”

说着，对正要登船的史万春笑了笑：“哥，你这回不害怕了吧？咱们一起回家！”

“嗯嗯，多亏这些好爷儿们。感谢凡帝救了咱们啊！”

张仲彬和张运生的两条“牛船”又相继赶了回来，45 人分成两组纷纷登临。

杨义志回头望了望，确定灯塔下没有一个人了，才最后一个离开。

59. 回家，回家

嘴东，多么熟悉的小渔港，经过风暴潮的洗劫，仿佛笼罩上一层哀愁！

但，云层中透射出久违的阳光，让被救的人们看到了无尽的希望和安慰！

船还未到，南堡镇镇长霍文旺就带领镇、村干部及边防派出所民警早早地站立在岸边。

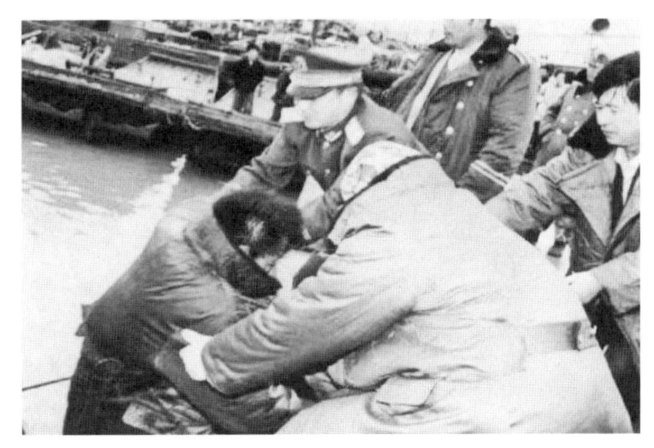

镇、村干部及武警官兵接应遇险民工上岸，

右一为南堡镇镇长霍文旺

人是漂泊的船，家是温暖的岸。

更多的人涌上来，哭着，笑着；哭着笑，笑着哭。

一位60来岁的老人，穿着单薄的衣服，满身泥渍，赤裸双脚，颤颤巍巍地从船上被人扶到岸边码头。

市委书记及其他市委领导抱起棉大衣，赶忙迎上去，并拉住老人的手连连说道："快上车，快上车！"

"先暖和暖和，先暖和暖和！"

一件件棉大衣，一句句贴心话，将陌生化为熟悉，将熟悉化为亲热。

此时，市长看到码头上的人越来越多，出现拥堵现象，为了尽快保障上岸民工及时得到妥善救助，随即把许德茂、刘建国及滦南县主要领导招呼过来，要求迅速畅通码头交通，组织车辆进场，尽快转运上岸民工，全力以赴保证他们不再挨冷受冻，能够吃上热饭、喝上热水。

临近中午，唐海县委书记于冬青、县长王晓谦早早地等候在唐海县政府招待所，组织工作人员把食宿、医疗等一切安排就绪，并用6辆大型客车把被救民工们接来休息。

原本可以在此疗养一段时间，但刚吃过午饭，他们都纷纷回家

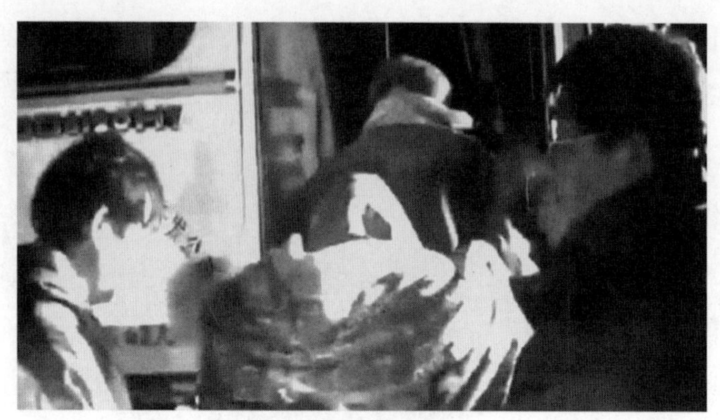

被救上岸的民工们登上大巴车

或项目驻地了。

服务人员不知所措，强拉硬拽，一再挽留，可他们依旧悄悄地各奔东西。

回家，回家，回家……

60. 最后三人

通岛公路上的遇险人员全部获救。

巨石落地。

然而，截至 12 日午时 1 点，仍有 3 位民工失联。

唐山市的领导们齐聚冀东监狱第四支队，焦急地等待着消息；滦南县及南堡镇的领导们站在嘴东码头，远望大海；双眼通红很是疲惫的孟凡帝，在人群中走来走去，不时打着电话询问……

“还有希望吗?”秦少清问孟凡帝。

“风暴潮虽然已过去 40 多个小时了，但是，3 人的存活仍有希望，最晚得看明天上午，也就是 13 日的上午。”孟凡帝回答。

但，这只是推测，因为他知道，现在海上夜间气温很低，人在海上露天过夜极难承受，再说风浪这么大，极有落水的可能！

秦少清穿着一件绿色军大衣，冷冷的秋雨已经快把他的全身打透。他在码头上找到一块水泥墩，踉踉跄跄地走过去，“嘭”地一下坐在上面，双手叉着腰，看样子实在是坚持不住了。唐山大地震中，他曾被严重砸伤，留下的腰疾每遇天气变化，尤其在湿冷天，总是疼得厉害。

“秦书记，你赶紧到渔政站那边去休息吧！”有人走过来劝他。

他摆了摆手，“没事儿，没事儿，我坐会儿就会好的！”

抢险指挥部的领导和天津海事局搜救中心再次进行了联系，汇报失联的3人仍未找到，请求海事部门给予帮助。

孟凡帝站在码头上，双眉紧锁，神情疲惫。思考片刻，转身对刚从船上下来的周世珠说：“凡江的船漏水不能动了，让他坐曹友保的船和你们几个一道，再带上几条812型大船，出海寻找那3位民工。凡江对那里海况很熟悉！”

周世珠迅速回答：“好！我即刻通知凡江，一起再出海！”

孟凡帝说：“好！就这样了，只要有百分之一的希望，就用百分之二百的努力，争取尽快把失踪的兄弟们救回来！”

不一会儿，五条812型大船在孟凡江和周世珠的带领下，驶出嘴东渔港河口，消失在波涛滚滚的大海上……

10月12日下午1时30分，周成突然接到一个陌生电话，对方说是黄骅市南排河镇政府，昨晚在他们辖区内海边养虾池旁边发现4名遇险人员，现已被当地渔民营救到镇政府。经询问，说是前天晚上从唐山曹妃甸被海潮冲到这边来了，均无大碍！

周成简直不敢相信自己的耳朵，因为其中3人，正是他们正在全力寻找的施工队的民工。

拿起电话又仔细核实了一遍，千真万确。

他把电话迅即交给孟凡帝，让他再确认一下，之后，赶紧把电话递给秦少清，让他也亲耳听一听3位失联民工的声音。

“好！好！你们先安置好地方，我们立即安排车辆去接!”秦少清听完，高兴地举起双手。

惊喜之余，周成又纳闷了：明明失联的是3个人，怎么变成4个人了？

原来是这样：10月10日晚风暴潮起来后，他们正在通岛公路九公里处的海洋5号方驳船上，还未来得及撤离，方驳船的锚缆相继被刮断，顷刻间随着大风和海潮漂走了；他们非常害怕，心想必死无疑，3个人把其中还有电的一部手机用塑料纸包好，放在了那位民工的腋下，准备到万不得已时再和外面联系；他们在一望无际的海上漂流，途中又遇到一位“同病相怜”的渔民，那人正无助地趴在一块木板上拼命呼喊救命，3人不顾个人安危，合力把他救到了方驳船上。

一天两夜后，他们一起漂到了黄骅市的南排河，直到被当地渔民发现……

无巧不成书，巧得不像书!

时任新华社记者张洪河，在2003年10月12日14时发布的新闻稿中，这样写道：

10月10日开始至12日凌晨，河北省沿海的沧州、唐山、秦皇岛等市的部分县（市）遭受特大风暴潮袭击，风力10级，阵风11到12级……从唐山市委、市政府了解到，唐山市沿海的唐海、滦南、乐亭等地也遭到风暴潮袭击。11日凌晨，唐山境内的曹妃甸岛通路工程工地出现险情，在通路工程距岸9公里、12.5 公里和 16 公里处分别有 100 名、40 名、300 名民工被困。唐山市委、市政府接报后，迅速组织营救，目前遇险人员已被全部营救出来，被大风刮到沧州海域的一艘作业船及船上的 4 名作业人员也在沧州黄骅海域被营救。目前没有人员伤亡。

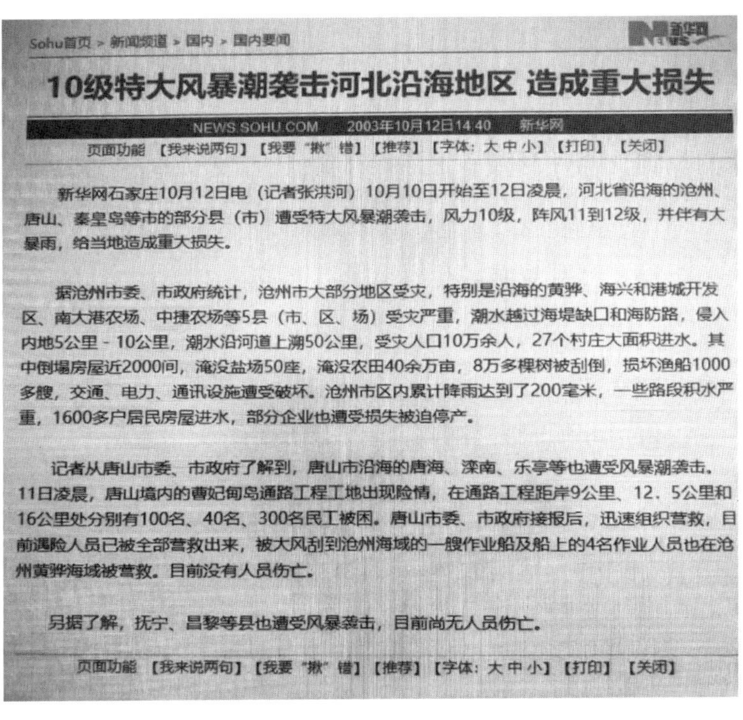

Sohu首页 > 新闻频道 > 国内 > 国内要闻

10级特大风暴潮袭击河北沿海地区 造成重大损失

NEWS.SOHU.COM 2003年10月12日14:40 新华网

页面功能 【我来说两句】【我要"揪"错】【推荐】【字体：大 中 小】【打印】【关闭】

新华网石家庄10月12日电（记者张洪河）10月10日开始至12日凌晨，河北省沿海的沧州、唐山、秦皇岛等市的部分县（市）遭受特大风暴潮袭击，风力10级，阵风11到12级，并伴有大暴雨，给当地造成重大损失。

据沧州市委、市政府统计，沧州市大部分地区受灾，特别是沿海的黄骅、海兴和港城开发区、南大港农场、中捷农场等5县（市、区、场）受灾严重，潮水越过海堤缺口和海防路，侵入内地5公里－10公里，潮水沿河道上溯50公里，受灾人口10万余人，27个村庄大面积进水。其中倒塌房屋近2000间，淹没盐场50座，淹没农田40余万亩，8万多棵树被刮倒，损坏渔船1000多艘，交通、电力、通讯设施遭受破坏。沧州市区内累计降雨达到了200毫米，一些路段积水严重，1600多户居民房屋进水，部分企业也遭受损失被迫停产。

记者从唐山市委、市政府了解到，唐山市沿海的唐海、滦南、乐亭等也遭受风暴潮袭击。11日凌晨，唐山境内的曹妃甸岛通路工程工地出现险情，在通路工程距岸9公里、12、5公里和16公里处分别有100名、40名、300名民工被困。唐山市委、市政府接报后，迅速组织营救，目前遇险人员已被全部营救出来，被大风刮到沧州海域的一艘作业船及船上的4名作业人员也在沧州黄骅海域被营救。目前没有人员伤亡。

另据了解，抚宁、昌黎等县也遭受风暴潮袭击，目前尚无人员伤亡。

页面功能 【我来说两句】【我要"揪"错】【推荐】【字体：大 中 小】【打印】【关闭】

新华网报道

61. 一碗酒

中国的酒文化，博大精深，蕴含丰富。

历史和传说中有关酒的故事数不胜数：晋代诗人陶渊明不能一日无酒；唐代大诗人李白"斗酒诗百篇"……

酒是人们生活中不可或缺的角色，无聊时有它，豪情时有它，悲伤时有它，欢快时更有它……

下午2点10分，唐山“10·11”特大风暴潮中海上总计450名遇险人员全部获救上岸，无一人伤亡。

抢险大会战胜利落幕！

指挥室里议论纷纷，压抑的情绪无限释放，不知不觉又过去了一段时间。

再看表，已近4点，领导们这才恍然想起，整整两天一夜都没有吃上一顿热饭了。

他们找到支队领导商议了一下，决定在支队食堂做热面条，让大家安安稳稳地饱餐一顿。

锅碗瓢盆，叮叮咣咣，生猛烟火，最抚人心。

开饭了，热腾腾的面条端上来，几盘炒菜，惹人垂涎。

市委书记拿起一只空碗，把酒倒满，双手捧起，满含泪光地环视着大家，想说话，却突然哽咽了，怎么也说不出来。

沉默良久，高高举起酒碗，淌着泪水道：“大家辛苦了！干！”

嘘口气，抬起手，一仰脖，一碗酒，一饮而尽！

所有人胃口大开，直嚼得唇齿生香，直喝得酣畅淋漓。

一碗接一碗地碰着，豪情满满，热泪滚滚。

大海归于平静，而大海骄子们却留下了不平凡的海上人生！

62. 奇迹背后

“10·11”特大风暴潮，不仅给曹妃甸通岛公路建设项目造成重大灾难，也给渤海海域渔业生产带来了难以估量的损失。

2003年《中国渔业年鉴》记载：2003年“10·11”特大风暴潮，辽宁、河北、天津、山东损失渔船达480艘，失踪、死亡渔民260多人，其中，仅唐山市损失渔船就达25条，死亡渔民18人，经济损失达2400多万元。

然而，通岛公路上无一人死亡！

这实在是人间奇迹，是不幸中的万幸！

创造这一奇迹的，除了那些舍生忘死的海上救险英雄，还有不少在后方默默奉献的人们。

他们虽不在聚光灯前，但同样功不可没。

（1）普通党员杨贵恩

20世纪90年代末，嘴东渔港的海来福商贸货栈，在当地无人不知无人不晓。

这家小商铺的主人，就是杨贵恩老两口。

他们经营的项目包括小餐饮、住宿、百货、水产品交易等，可谓“麻雀虽小，五脏俱全”。因为经营活、口碑好，生意红红火火。

2003年，曹妃甸通岛公路项目开工。上海航道局、南通海洋工程公司曹妃甸通岛公路项目部都放在了海来福商贸货栈内。说实话，刚开始，杨贵恩的老伴儿不太情愿——主要原因是租价低，还不如自己经营。

杨贵恩开导她说：“不要只算赚多少钱，这是国家大事！”

两家公司顺利住进后，主客之间，相处好似一家人，不分彼此。

10月10日晚，杨贵恩看到施俭和周成在办公室里不停地走来走去，接打电话，声音很大——他们是南方口音，虽然听不太懂，但已预感到出了大事。

老伴儿瞟了他一眼，“别瞎说，是天儿不好，还能有啥大事儿啊?!”

晚上10点多，孟凡帝急匆匆赶来了。

杨贵恩刚一开门，就看到他全身上下雨水淋淋，正想问啥情况，孟凡帝迫不及待地说：“大大，通岛公路上出事儿了！”

杨贵恩怕耽误他工作，简单问了几句，赶忙说："凡帝，有用到我的地方，你只管说话!"

"嗯，大大，眼下事儿很多，施俭和周成已是热锅上的蚂蚁团团转了，现在凡江也出去救人了。你们先把客房收拾好，来的人就住在这里；再就是准备饭菜，他们都一天没吃东西了。"

"好，我和你大妈，再找个帮手，这就收拾去。安排做饭可以，估计得有多少人啊?"杨贵恩问道。

孟凡帝说目前人数不清楚，转身去了上航局项目部办公室。

杨贵恩望着孟凡帝的背影，又追了出来，高声喊道："凡帝啊，需要啥就让他们来取啊!"

杨贵恩和老伴儿找来一个帮手，3 人便紧张地收拾好 8 间客房，并安排村里在嘴东渔港务工的侄儿，利用院内的大灶把饭菜准备好。

夜半时分，嘴东码头上的人越来越多。

随着码头上停电，手电、蜡烛等照明用品成了人们的急需。

不一会儿，杨增岭、杨广顺匆匆忙忙到海来福商店找杨贵恩，说是孟凡帝让他们来买手电和其他物品，赶紧算算账。

作为长辈的杨贵恩，对他俩厉声说："都到啥时候了，先别提钱，我给你们俩马上找手电筒，快拿就是了。"

两人拿好东西后，又问是不是先记上账，他们签个字。

杨贵恩大手一挥，"快去，快去，我还有事儿呢!"

孟凡江载着 60 多位遇险民工刚到达渔港，衣衫褴褛、疲惫不堪的人们就走进了海来福商贸货栈院内。

杨贵恩和老伴儿早已在门口迎接。

"快，快，大家先到屋子里换一下衣服！没有别的，就是有棉大衣和雨衣。天儿忒冷啊!"

"安置妥后，大家先吃饭，床和被褥都准备好了，大伙儿尽管放心休息！”

说着话，饭菜就端上桌。热气腾腾的饭菜下肚，这些被寒冷、饥饿折磨了一天的人们心中充满了暖流。

在这期间，杨贵恩和老伴儿又穿梭在风雨中，检查房间的被褥够不够，热水有没有，把一切安排好，让他们早点安睡。

从死亡线上被救回的民工们，做梦也想不到竟然能躺在如此温暖的床上。

他们个个眼含热泪，渐渐进入梦乡……

而这一夜，杨贵恩和老伴儿片刻都没合眼。他们还在等待着码头上一拨又一拨来取东西的人和从海上被救回的民工们。

天已大亮，海来福的院内院外拥挤不堪。人太多了，物资准备不足，雨衣、雨鞋、雨伞早被用完，甚至连塑料布都没有了。

杨贵恩看到犹豫的人们，高高地扬起手臂，斩钉截铁地大声喊：“到商店来取！”

不一会儿，各种物资倾囊而出，纷纷被需要的人拿走，有的人掏出钱，有的要记上账，有的要摁上手印……杨贵恩和老伴儿挥挥双手，连连说：“没空儿，不用，先去！”

老夫妻俩知道，他们都是来嘴东抢险的，一切都要为此让路！

抢险成功后，时任滦南县委书记秦少清找到孟凡帝，让他去找海来福商店的杨贵恩，除了代他表示感谢之外，还要把所用的物资和饭钱核算一下，该多少就多少，全都付清。

说完，又叮嘱道：“凡帝，一定要算好，老杨一家为咱们提供了这么大的方便和服务，为抢险做出了突出贡献，绝不能亏待他！”

孟凡帝见到杨贵恩，高兴地说：“大大，这回绝对不能亏待你，县委书记发话，要我找你把账算一算，您就说吧。”

“哈哈！”杨贵恩爽朗地大笑一声，道，“大道理我不会讲，只知道我是一名共产党员。在大灾大难面前，东西再值钱我也不算了，什么也没有人的命值钱！就当我捐给国家了！”

听着孟凡帝带回的消息，在场的所有领导无不投来惊诧的目光，久久沉默不语。

杨贵恩，那一年 59 岁，一名普通的基层党员！

(2) 村镇干部

周世平，时任南堡镇廒上渔业村党支部书记，54 岁，退伍军人。

10 月 10 日上午，他刚到村委会，就接到镇政府打来的电话，说 10 日到 13 日有大暴雨，并伴有大风，要求他们做好防范。

周世平放下电话，看了看窗外。他最担心的还是村里在嘴东下海的那些渔船——全村 200 多条大小渔船都在那里，还有近千口人住在那里，一旦有大风大雨，非常危险。

他和村主任史万祥沟通后，立即兵分两路。他带人赶赴嘴东，史万祥、孟庆福分别带人在村里做好巡查。

周世平搭着村里去嘴东的面包车出发了。一路上，车窗外乌云低沉、翻滚如怒，呼啸的狂风中夹杂着零碎的雨滴。

中午，赶到嘴东渔港，顾不上去儿子周海生那儿吃饭，直奔码头找到船组组长孟庆来，要一起看看渔船到港的情况。

“现在我已和各位船长联系好了，随着海上涨潮都要陆续回来，估计傍晚前差不多都到港。”孟庆来说。

“嗯，那就好！千万不能大意！”

“大哥，船这边有你和凡江、海生他们，我就放心了。我去网铺那边看看去，大伙儿住的太简陋了，有个风吹草动的，害怕出问题！”周世平连连应着。

吃过午饭，周世平带着村委会成员开始逐户走访，房子哪里该加固该苫盖，哪里排水不畅、积水严重需要及时疏通……都一一实地进行处理和解决，一直忙到天黑。

再次回到渔港码头，周世平对照着村里的渔船登记表又核对了一遍，确定已全部回港。

“天黑了，咱们回去吧，住在这儿还得给大伙儿添麻烦！”周世平转身和另外两位村委会成员说。

这时，刚从船上下来的邻村人周存涛听见他们的谈话，背着一捆网线走到周世平跟前，“大哥，你们这村官儿当的，大事儿小事儿都给老百姓想得面面俱到！”

周世平笑了笑说：“领班的，就是干这些呗！风大雨大，快走吧，有空儿再说啊！”

已是晚上 7 点，他们才搭上顺路面包车，从嘴东返回百里外的廒上村。

大风呼啸着裹挟着暴雨，深夜 10 点多倾泻而来。

在村里值班的周世平尽管还没入睡，但他是放心的——海上的渔船全部归港了，网铺那边也没啥事儿，只是雨声太嘈杂。

他便把隔壁和他一起值班的村文书孟庆福招呼过来，风雨夜想和他聊聊天。

两人从村里到各家各户，大小事儿聊了起来。不知不觉中，劳累了一天的他们酣然入睡了。

凌晨 5 点多，周世平电话突然响起来，定睛一看，是孟凡帝。这么早，啥事儿？

孟凡帝急切地说：“风暴潮把几百民工困在通岛公路上，处境非常危险，我已组织凡江船队渔船出海，并把方舟公司海上运输队的十来名驳船船长都派出去了，但救援能力仍是不足，请求村里再组织渔船参与救援！”

在一旁的孟庆福是孟凡帝的亲叔叔，听到后，对周世平说："这天儿船能出海吗？风雨这么大，出海救人能行吗？"

周世平无语：他对通岛公路项目不熟悉，跟民工们更是不相识，怎么办呢？

这时，孟凡帝又打来电话，要周士平到嘴东渔港和他一道协调组织渔船。

情况紧急，事不宜迟，周世平安排孟庆福在村里值班，立刻找了一辆车带着村主任史万祥奔赴嘴东。

一路风雨，一路颠簸，上午 9 点多终于到达嘴东码头。

刚下车，孟凡帝就赶过来说："叔，凡江他们两条渔船来回折返，人和船也受不了，看看咱们还能不能从村里再动员渔船抓紧出海，参加抢险！"

南堡镇党委书记李景云、镇长霍文旺也赶来了。顾不上寒暄，李景云沉重地说："世平大哥，现在虽然已经救回很多人，孟凡江和周世珠、曹荣海他们一夜都没睡了，凡江还在海上，通岛公路上现在有多少人还不清楚，还得找船出海。你看看村里有多少船能出去？"

话音刚落，3 位船长站出来："我们出海，一定去！但现在通岛公路那里的海况我们不熟悉，得有人带路。"

孟凡帝说："没问题，方舟公司运输队驳船船长还有七八个人呢，正在随时待命，他们对通岛公路那里的海况很熟悉！"

周世平说："要不让海生去吧。"

虽然明知作为船队队长的周海生此刻还在感冒发烧，但他认为自己的儿子现在有比养病更重要的事情。

随即拨通了电话："海生，赶紧到码头上来，凡江和你世珠叔从昨晚已出海救援，你凡江哥到现在还在海上呢！"

只听到对方说了声：“好，我马上过去。”

周存涛当时正好在场，他全程目睹了这一切，那件事像一道烙印深深地刻在心中。

周海生迅速赶到船上，带领七条渔船出海，载着薛渤珣、王志勇、施俭等人驶向曹妃甸海域。

“叔，海生行吗？还发着烧呢……”孟凡帝赶忙问周世平。

“有啥不行的，眼下这还算毛病?！他去不了，我也得去，别看我不会驶船！”周世平望着准备出海的船，痛快地回答。

两天两夜中，南堡镇不足 60 人的村干部队伍，竟然有 40 人来到嘴东渔港码头参与抢险。

雨水淋漓，流下一串长长的名单：李新春、解长新、史万祥、周作双……

（3）无名志愿者

10 月 12 日中午 12 点左右，最后一批从曹妃甸岛上救回来的人们准备上岸，其中部分民工由于身体虚弱，必须用担架从船上抬下来。

一支由 200 多人组成的志愿者队伍早已等待在码头上，担架和衣物也都准备好了。这是唐山方舟实业有限公司和南堡镇部分渔业村的两委组织的，除了部分普通党员外，其余都是群众，不领取任何报酬。

在他们当中，有的从 10 月 10 日晚上就一直坚守在这里，来不及吃一口热饭、喝一口热水，搀扶着上岸的被救民工上车，把最好的棉衣披在他们身上，无微不至地一一安置好。

当最后一船的民工上岸后，县、镇领导们让大家在饭店吃点儿东西，码头上的海苑饭店经理甄国忠、环海饭店经理周玲玲听说后，不顾两天一夜的劳累与困乏，立即跑到码头上招呼人们吃完饭再走，

志愿者们在嘴东渔港全力接应遇险民工

两家饭店从10日晚一直到12日的下午，就餐全免费。为了节约时间，无须证明，只要有一张嘴就可以进店用餐。

然而，近百名志愿者并没有去饭店，而是悄悄地离开码头，没有留下姓名、籍贯、住址！

(4) **桑献礼的纠正**

10月16日，已是“10·11”风暴潮过去的第四天。

桑献礼因为有事去唐海县城，在回来的公共汽车上，和坐在他前面的两位聊天的乘客发生了“口角”。

那两位乘客，你一句我一言：“听说了吗，前几天的海上风暴潮死了很多人，翻了上百条渔船。尤其是在曹妃甸那里，一下就冲走了上千人呢……”

两人说得有鼻子有眼，还说他们有同事亲眼看到。死了那么多人，曹妃甸也不能开发建设了！

桑献礼是个正直、诚实的人，听着空穴来风的话，心里感觉难受。

于是，他接过话茬说：“咱们不论是谁，说话都要负责任，要实事求是，千万不能道听途说！”

“那你说是咋回事儿啊？我们瞎说了，你呢？”其中一个上了年纪的回怼道。

“你们见到的当事人是谁啊？告诉我可以吗？”

那两个人支支吾吾，没有言语了。

桑献礼见状，便详细地跟他们讲了一遍，最后说：“那儿一个人也没死，渔船一条也没翻沉。多亏嘴东有个孟凡帝，在他的组织和带领下，及时地从曹妃甸抢救上来400多人，市里、县里还要表彰他们呢！”

此言一出，满车皆惊，连连赞叹！

……

第十一章　劫后新生

历经千辛万苦，450 名遇险民工终于全部被救，无一伤亡。

然而，特大风暴潮过后，曹妃甸通岛公路也遭遇摧毁性打击。

工程还能继续吗？通岛公路还能建设吗？

人们心中漂浮疑云，顾虑重重。

建，而且要建得更快更好！

痛定思痛，沉思之后，再次动工……

63. 纳潮河畔的沉思

如今，我们沿着曹妃甸通岛 1 号路驶进曹妃甸工业区时，远远便能看到一座气势宏伟的钢铁大桥矗立眼前，这就是曹妃甸工业区的地标性建筑之一——纳潮河 1 号大桥。

大桥长 1297 米，桥面总宽 38.5 米，引线路基长 403 米，为双向六车道单索面斜拉桥，最大跨径 128 米。

倘若当年通岛公路建设因为风暴潮停滞，就不会有这座桥，更不会有曹妃甸国际大港的辉煌！

纳潮河位于曹妃甸浅滩处的半封闭潟湖海区，有着独特的地形地貌特征和水动力系统。

该区最大的障壁岛为曹妃甸，自古以来，从曹妃甸沙岛开始，由西向东依次分布有腰坨、草木坨、蛤坨、西坑坨、东坑坨等若干沙岛和沙坝，距岸10—20公里不等，呈带状分布。曹妃甸浅滩区域有两大潮流系统，即曹妃甸外缘潮道潮流系统和曹妃甸浅滩潮道潮流系统。该海域潮流系统主要呈往复形式，涨潮流自东向西流，落潮流自西向东流，主要流向基本平行于等深线。这两大潮流系统，形成了曹妃甸外缘深槽和老龙沟。

曹妃甸浅滩潮道是一条中部浅、向东南和向西南延伸都逐渐加深的潮道。浅滩潮道延伸到西南端（现在的曹妃甸1、2号港池出口一带），当时海水深度可达8—10米左右（当地渔民称作二沟）；而浅滩潮道向东南端延伸可连接老龙沟。老龙沟位于曹妃甸沙岛东北约15—20公里处，乃曹妃甸障壁岛潟湖体系的主要海水出入系统，是一条大型的潮汐通道，长达17公里，最大水深可达22米，当地渔民称作大沟。纳潮河，由此形成。

纳潮河，一条浅海中的深海槽，常年伴随着渤海湾畔的潮涨潮落奔腾不息，海浪凶险无比，海流波诡云谲，是祖辈渔民们望而生畏的地方，但也是曹妃甸海域生生不息的重要支撑。

纳潮河，曹妃甸通岛公路必须跨越的一道天然屏障。全长18.447公里的通岛公路在风暴潮前仅剩两处龙口未合拢，其中就有位于纳潮河上的龙口。

由于水深流急，施工难度比起任何路段困难都大，到10月初尚未能实现合拢。结果，狂潮沿着纳潮河一路奔腾向西，在两岸浅海区域汪洋恣意，汹涌的风暴潮水陡然而起，直扑两侧通岛公路，带来巨大损失。

10月13日，邸哲敏、王志勇、李广青、李宏民、赵建军、解占强等项目负责人穿着高勒胶鞋，乘着低潮从零公里处沿着残存的通岛公路路基向南走去。每人拄着一根竹竿，深一脚浅一脚，步履维艰，沉默不语。

望着好似一条遍体鳞伤的巨龙的通岛公路，大家的心都在滴血。

两个多小时后，他们来到纳潮河边。那一天，海水格外平静，一切能量和威力似乎都被特大风暴潮彻底消耗了。

此情此景，让李宏民不由感叹："好平静啊！"

站在纳潮河北岸，向南望去，只剩下曹妃甸孤岛和断断续续的残堤。他们用脚和眼丈量着通岛公路的损失。专业的李宏民早已算出损失总里程：冲毁路基大约有15公里。

邸哲敏抬头凝视着通岛公路路基，若有所思道："人类在大自然面前是何其渺小啊！"

在低潮位下通道路裸露出的惨状

是啊，近百年一遇的特大风暴潮，危害程度让人难以预料和想象，瞬间发生的摧毁力更是惊心动魄，在它的面前，人类是很难抗拒的！

人在默默行走，纳潮河在默默流淌，人如河，河如人，仿佛都在用沉默诉说着自己的伤痛。

纳潮河，一条望不到尽头的深海沟，像一条蜿蜒的巨龙横卧在渤海湾畔。千百年来，它在大海潮汐的作用下，携着浩浩荡荡的潮水经年累月地推演着沧海桑田的变迁。每当大潮涨起，汹涌的海水吼叫着，舞蹈着，卷起白雪似的浪花，顺着东西走向的纳潮河奔涌而来，漫过辽阔的滩头直逼海岸。

日月星辰，潮起潮落，奔流不息，泥沙俱下，变幻莫测。岁月沧桑中，它既给人们带来了舟楫便利，富饶海藏，养育了万千子民，但也给人类带来诸多令人痛心疾首的灾难，留下了一曲曲慷慨悲歌，演绎出一段段悲喜交加的感人故事。

站在即将涨潮的纳潮河边，邸哲敏也在沉思。片刻之后，他说："志勇、宏民、光青，咱们先回去，你们把损失情况尽快整理出来上报，还要争取尽早开工，否则我们脸上无光，更对不起唐山人民！"

说完，几个人沿着通岛公路向北走去，比他们来时的步伐要快很多，也坚实很多。

时任通岛公路工程技术部副部长李宏民

10 月 20 日一早，国家发

改委综合运输研究所副所长、研究员王东明在邸哲敏、方伟和施俭的陪同下，再次来到零公里处的海边，看着通岛公路的残迹沉默不语。

很长时间后，王东明说道："损失确实不小，幸运的是通岛公路项目工地上 400 多名民工在这次特大风暴潮中无一人伤亡！这是给通岛公路建设留下的最大资本、带来的最好结果，还要树立信心干下去！曹妃甸是很有希望的！"

奔流不息的纳潮河，仿佛在倾听着他们的话语，倾听着他们的心跳，荡起涟漪，化作浪涛，涌向远方……

64．水泥碑与诗

走进现今的曹妃甸区规划展示馆。在一个角落里，保存着一块不起眼的水泥碑，碑面上有两行镌刻的鲜红字迹，带着历史的沧桑，静静地矗立在那里，仿佛在向参观的人们展示着一段不平凡的经历。

风暴潮过后的第二天，孟凡帝带着杨义志、周世珠等方舟公司的员工乘船来到曹妃甸岛。

站在甸头，俯视小岛，2.2 公里的临时路被海浪冲得支离破碎，残存的路面坑坑洼洼，原来的沙丘面积削去不少，板房和帐篷更是荡然无存，只剩下简单的混凝土基础。

幸好，灯塔的基座虽然被海浪掏空，但灯塔依旧；破损的五星红旗依旧。

曹妃甸灯塔基座下面被风暴潮淘空

众人沿着软软的沙滩向东走着，一边走一边感叹。这时，孟凡帝转过身说："灾情这么严重，通岛公路还能建下去吗？市里的决心还有吗？"

杨义志回答："应该修下去，虽然损失严重，但是停下来，损失会更大！"

孟凡帝点点头，"嗯，这次风暴潮带来了严重损失，但没有伤亡一人，这是最大的成功和幸运！"

周世珠附和道："咱们还得做好准备，相信一定会再建设的。"

说话间，又有几个人从岛的北面坐船过来。他们是方舟公司的职工，到岛上来寻找、整理被海浪冲走的物资。

打过招呼后，孟凡帝叮嘱他们仔细搜寻。这时，杨国良手拿铁锹，带着两个职工走向岛的东侧。

他们向东搜寻着被冲走的物资，在一座小沙丘旁，竟然发现有一块水泥砖状的东西裸露出来。

杨国良用铁锹轻轻一挖，纹丝不动。心想，这里也不是施工的地方，哪来的水泥砖啊？于是，便招呼另外两名职工说：“发现宝贝了，快过来，咱们一起挖，看看是啥玩意儿。”

杨义志闻声也走过来，“曹妃甸，神灵之地，肯定有好宝贝！国良，快挖！”

挖到半米多深，裸露物的形状显现出来，像是一座水泥碑，模糊的碑面上还有文字。

杨国良用铁锹轻轻地铲了一下碑面，确有两行竖排的文字。

杨义志叮嘱道：“慢点，轻点，别弄坏喽！”

正说着，水泥碑中间突然断裂，断裂处还有多根圆钢条相互连接着。不一会儿，他们几个小心翼翼地把碑抬上来，放在平整的沙滩上。杨义志让职工淘来海水，将碑面仔细刷洗一下。这时，已经没有任何色彩的文字显露出来，是手工刻上去的，写着四个苍劲大字：曹妃殿岛。左侧下面还有两排字迹，但不很清楚，无法辨认。量了量，碑高 1.5 米，宽 0.45 米，厚 0.2 米。

杨义志、杨国良像发现宝贝似的，忙把孟凡帝从甸头那边招呼过来，高声喊道：“发现古物了！”

当年挖掘出来的水泥碑

孟凡帝走到跟前一看，惊奇地说：“这碑是哪个年代的？快用水把旁边的字刷洗干净，仔细瞧瞧！”

杨国良再次拎来海水。经过反复刷洗，两行镌刻的楷书字体终于清晰地显露出来：

滦南县人民委员会

一九六三年八月

令他们没有想到的是，从立起这座水泥碑到现在，已经过去整整40年！

后来，杨义志把这块断裂的水泥碑用铁丝绑缚好，又用红色油漆重新描绘字迹，给后人留下一件珍贵的历史文物。

原来，1963年初，滦南县恢复建制，沿海柳赞、杨岭、柏各庄、南堡4个人民公社重新划归滦南县管辖，其中设置杨岭工委，管辖柳赞、南堡、杨岭3个公社。滦南县海岸线长达78公里，海域岛屿虽没正式划定，但仍由滦南县管辖，因此，当年成立的滦南县人民委员会在曹妃甸岛立碑以示归属管辖权。

那年8月，水泥碑在滦南县城制作好后，滦南县人民委员会委托县水产科雇佣一辆马车运至南堡渔港，再用廒上渔业村的一条帆船运到岛上。从那以后，廒上人每次上岛，都会看看那座水泥碑，像是找到归宿一样亲切。

1970年3月，渤海湾发生了一场百年不遇的冰灾，冰层厚，持续时间长。后来，随着冰排融化，迭起的冰排在海流簇拥下把曹妃甸岛全覆盖。等到海冰消融，人们再去曹妃甸岛寻找那座水泥碑，却无影无踪。

人们猜测，可能是水泥碑被冰排挤压进了大海，但，随着曹妃甸海域退潮，那座水泥碑依然没有显现。

20世纪80年代中期，有渔民说，在距离原来位置不远处，曾发现过已经深埋的那座水泥碑。

时隔不久，1987 年 9 月发生一起风暴潮，水泥碑的踪影又彻底消失了。

直到 2003 年的“10·11”特大风暴潮后，才被意外发现。

一年多后，时任滦南县政协主席的姚凤华见到此碑，激动万分地说：“虽然曹妃甸岛位于渤海湾，在我国内海，但是在 40 多年前，我们的前辈就具有这样强的国土意识，真是非常了不起。守土有责，守土尽责，这个好传统我们应当好好地传承下去!”

“是啊，我们一定要珍惜这块‘风水宝地’，开发建设好曹妃甸，为唐山大发展、河北大发展以至国家未来大发展，做出应有的努力!”县委书记秦少清接话道。

曹妃甸通岛公路全线贯通之时，时任滦南县委书记秦少清带领其他县领导来到曹妃甸岛，慰问奋战一年多的方舟公司员工。

2004 年 9 月，时任滦南县委书记秦少清（右）、时任滦南县政协主席姚凤华（中）、时任滦南县委宣传部部长宗玉田（左）在方舟公司曹妃甸项目部调研

秦少清拉着孟凡帝的手连连说：“感谢你们，为滦南树起新形象，为唐山发展做出新贡献！”

随之，已开工建设的河北港口曹妃甸25万吨矿石码头项目总经理王钟敏、首钢围海造地公司总经理杨春华等也赶过来，纷纷向滦南县委、县政府及滦南人民表示感谢。

“没有滦南人民的巨大付出，尤其是2003年10月那场史无前例的海上成功大抢险，哪会有通岛公路建成通车，25万吨矿石码头打桩建设啊！”王钟敏深情地说道。

“是啊，通岛公路通车后，首钢搬迁曹妃甸项目很快完成了前期选址，大面积的围海造地工程也正式开工，滦南沿海渔民祖祖辈辈赖以生存的曹妃甸渔场将被占用，滦南渔民义无反顾地退出，为曹妃甸的发展做出巨大牺牲，真是让人感动不已！”杨春华接着说道。

随着通岛公路的建成，曹妃甸大钢铁基地、大码头、大电力等项目陆续开工建设。

时任滦南县委书记秦少清（左）、时任首钢围海造地公司总经理杨春华（中）、时任河北港口曹妃甸25万吨矿石码头项目总经理王钟敏在交谈

2005年10月8日，以曹妃甸岛为核心辐射周边区域（包括近海海域及沿海滩涂和陆地）从滦南县行政区域划出100多平方公里的曹妃甸工业区正式成立。

2003年暮秋，渤海湾畔终于恢复平静，天高海阔，寒意渐浓。

“10·11”特大风暴潮后的曹妃甸通岛公路，路基大部分已静静地躺在水中，残存路基上的石堆则像一个个饱受创伤的病者，默默等待着医生到来。惨状如此，令人唏嘘。

作为项目方代表，施俭和徐徐多次乘着小船驶向通岛公路。

朗朗晴空下，曹妃甸小岛的容貌一览无余。施俭坐在船头，眺望着东方蓝色的大海，波光潋滟中，看不到通岛公路，看不到扬起数丈的吸沙绞吸船的身影。面对着渤海湾，他的表情不可名状。

“施总，在想啥啊?”徐徐问。

施俭叹口气，“徐徐，咱们上航局成立以来，还没有遇到过这样的事情，一年来的心血付之东流，人类在大自然面前多么渺小啊！近300个日夜修筑的大堤难道就这么毁于一旦了吗？我们上航人彻底败下阵了？这项目还能不能继续推下去？怎么推?!”

他们在一个底面不足30平方米的石堆前下了船，蹚着浅浅的海水向石堆走去，脚下就是通岛公路的路基，上面的“袋装砂”都已被风暴潮海浪卷走。

石块原来是整齐地码放在通岛公路上的，现在也是七零八落、凌乱不堪。

施俭站在一块石头上，眼望四周，想寻找路基的残存痕迹，但是，很难！

弯下腰，用手在海水中划了一下沙子，又拿起一块石块，轻轻地抛在水中，涟漪阵阵，渐渐消失。

施俭握紧拳头，在胸前重重地顿了两下。

“施总，当初杨久林就是在这里，把100多人都集聚在船上，面对生死困境，他那种顽强的精神值得我们好好地学习啊！”

“嗯，老杨可真是英雄！前两天我见到他了，他说如果还需要他，他还会回来，别看那天吓得叫唤着要直升机，信心还大着呢！”施俭说。

“滦南人让大家有一种说不出的崇敬，尤其是通过这次风暴潮。太震撼！”徐徐望着大海应答。

但是，河海大学毕业的徐徐，在这个近乎封闭的渤海湾，面对狂风巨浪吞噬的一切，心中也升起莫名的迷茫：通岛公路还能在这大海上矗立起来吗？

他曾亲历过无数次台风狂潮，类似这般，从未有过。

遥望南天，思绪万千，随手写下几句诗行：

堤　毁

2003年10月10日，渤海北部遭遇近百年未遇之特大风暴潮，狂风巨浪暴雨，15公里大堤转眼只剩首尾，欲哭无泪。

肆虐连三天，血汗献惊涛。
遇摧志更坚，世事多蹉跎。
江南有妻女，未曾报平安。
断垣思大禹，踌躇待来年。

这一年，北方大地封冻后，徐徐本应回到上海总公司上班，春节放假再回到家中和父母、娇妻爱女团圆过节。但他平生第一次在寒冬季节和春节离开家乡，离开父母、妻女，在冰封严寒的渤海湾畔见证了北方暴风雪的到来，领略了冀东辽阔大海上跌跌撞撞的冰

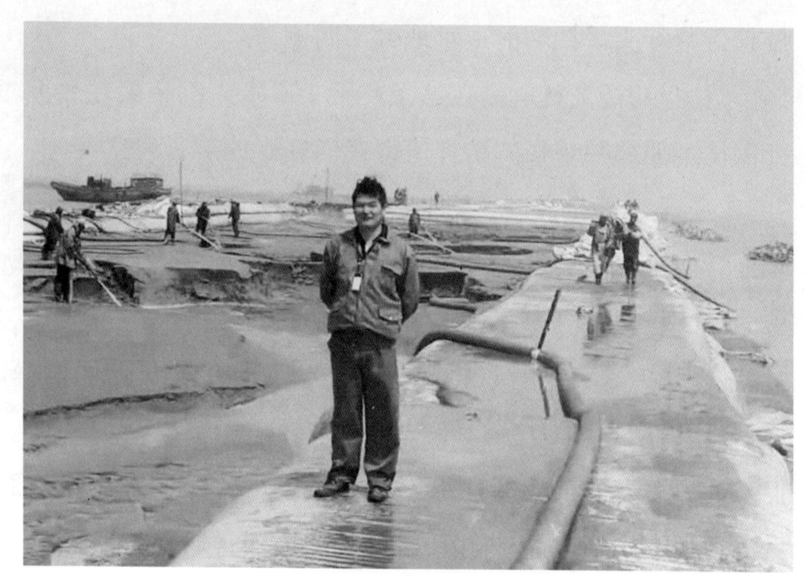

徐徐在通岛公路上

排涌岸壮观，在曹妃甸通岛公路上度过了他终生难忘的2004年新春佳节。

65. 继续前行

唐山，一座历史悠久的城市。

自她诞生那一刻起，就在多灾多难的历史中奋起抗争、愈挫愈勇，历练出了唐山人民勤劳智慧、坚韧不拔、富于创造的伟大精神。

尤其在1976年7月28日那场史无前例的大地震之后，顽强的唐山人，挺立在残垣断壁的废墟上，不屈不挠，自强不息，奋斗不止，深刻影响了一代又一代后来者……

2003年10月15日一早，东方晨曦微露。

王志勇、彭永佳、李广青、李宏民、解占强、张才夭还没吃饭，就在曹妃甸零公里处的指挥部前，等着杨振义、薛渤珣、邸哲敏等领导到来。

风暴潮致使指挥部多间办公室倒塌，不远处的预制件厂宿舍区狼藉一片，300 多天鏖战，犹如昨夜的一场梦，梦醒后一场空。

这天上午，灾后第一次会议在一间临时收拾的屋子里召开。

唐山市委书记、市长以及张国栋、安树彦、杨振义、许德茂等领导，全体指挥部组成人员以及项目施工单位负责人均参加会议，方舟公司总经理孟凡帝也应邀出席。

邸哲敏首先汇报了灾情及损失情况，他用八个字概括道："损失惨重，重建任重!"

是啊，已建成的 15 公里通岛公路基本被冲毁，恢复建设不知需要多长时间。

王志勇从专业技术方面进行专题汇报，除了总结这次通岛公路的损失外，还谈了恢复通岛公路建设要抓好几个关键点的谋划，对各施工单位提出的问题一一做了解答。

施俭补充说："除了机械施工设备损失较大外，400 多名民工思想波动也不小，眼下冬季已经来临，他们都很想回家，留下来存在很大难度。"

会议临近尾声，杨振义站起来，目光扫视着大家："损失已经形成，困难已经摆在这里，如果因为损失和困难，我们就此停下来，大家都想一想，扪心自问一下，对得起市委、市政府吗?对得起 600 多万唐山人民吗?"

屋内气氛凝重，断断续续的发言不时被外面的海浪声淹没。

最后，市委书记在会上讲话。

2022 年 2 月，我们从上海航道局规划设计院方伟副总经理的日

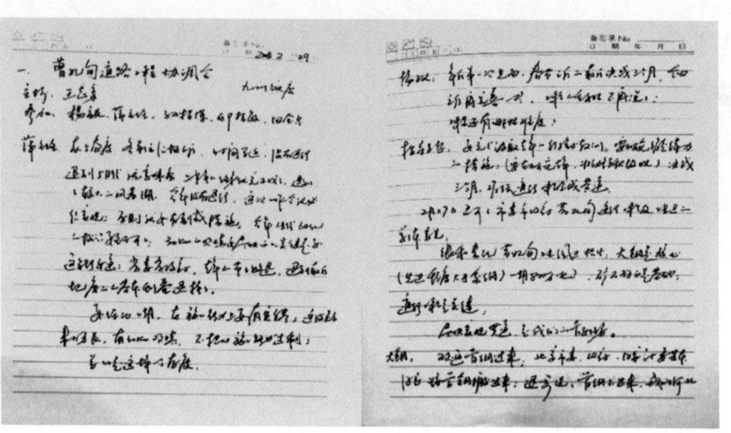

方伟提供的当年会议记录

记本中找到了当年那次会议的讲话记录稿：“恢复通岛公路建设，时间紧迫，没有退路。推到 5 月份以后，就意味着通岛公路实现贯通的任务完不成。现在已经没有退路，要保证工期，在施工能力上要有新突破，推迟了就把唐山人民的利益都推掉了。遇到自然灾害在所难免，这次造成的损失确实不小，要认真谋划新的建设方案，更加提高建设标准!”

随之，市委书记接着说：“大钢铁是核心，矿石码头是基础，通岛公路是关键。要充分吸取经验教训，拿出可行的得力措施，决战三个月，确保通岛公路全线如期贯通，这就是我们的目标！困难也是我们的动力所在，遇到困难就打退堂鼓，不敢前进，不敢干了，这不是我们唐山人的风格，唐山是经历过生死磨难的英雄城市——曹妃甸这个项目，只要我们咬定青山不放松，艰苦奋斗，锲而不舍，就一定能用‘蓝色思维’续写唐山的辉煌历史！信心比黄金重要，要坚定信心，必须干下去!”

会议，默默开始，悄悄散去。

在夕阳的余晖中，在倒塌的板房前，施俭、徐徐、孟凡帝 3 人走在了一起。

施俭说："凡帝，刚才听了市委书记讲的，很受感动，也增强了信心，唐山不愧是一座凤凰涅槃的英雄城市。但是，特大风暴潮劫后惨状令人心有余悸啊！你是这里海边的人，熟悉情况，说心里话，通岛公路还能不能再建设？"

带着一身书生气的徐徐，随之感叹道："哎，渤海湾真是变幻莫测啊！"

孟凡帝看着两位不同风格的企业高管，沉吟了片刻，道："应该继续建设下去，唐山大地震我们都能挺过来，重建起一座美丽的新唐山，还有啥困难能阻挡?！再说了，我们祖辈在这里生存、发展了几百年，经历过无数次大风大浪，不是靠着顽强拼搏，生活过得越来越好吗?"

他们认真地听孟凡帝讲完，不住地点着头。

三天后，唐山市委、市政府在唐海县城组织召开曹妃甸通岛公路项目恢复建设专题会议，市长亲自主持会议，常务副市长及通岛公路指挥部全体人员、通岛公路施工建设单位主要负责人出席会议，研究部署恢复重建的重大事宜。

会议决定：通岛公路尽快恢复建设，封冻前保持全面正常施工；给予上海航道局优惠措施，补偿风暴潮造成的部分损失，继续对该项目追加投资；协调保险公司克服一切困难，尽快进行损失理赔。

上海航道局、天津航道局、唐山市交通局等各路建设大军，重整旗鼓，顶着初冬的寒风，再次浩浩荡荡地挺进通岛公路工地，展开了封冻前的施工大会战。

渤海湾畔，曹妃甸岛，挖掘机、推土机轰鸣着，运输石料的船只劈波斩浪来回穿梭，绞吸船扬起高高的道道沙线……再次汇成了一幅热火朝天、战天斗地的图景。

66. 决战 2004

北风凛冽，寒凝大地，千里冰封，万里雪飘。

但，通岛公路建设工地依旧保持着盛夏般的火热。

按照指挥部安排，年前必须把损毁程度较轻的路基重新填起来，未损毁的路基完成两侧护坡，为 2004 年大决战做好一切准备。

孟凡帝带领方舟公司的员工和船只设备再一次登岛，扎下营盘，为通岛公路组织所需石料的运输工作，周世珠仍然担任海上运输队长，并全力保障灯塔处 2.2 公里通岛公路关键段的石料供应。

风暴潮后，孟凡帝带领方舟公司员工及船只设备第一批次登上曹妃甸岛恢复施工

杨义志和他的筑路队伍登上小岛后，给旗杆上换了一面崭新的五星红旗，平整好被冲毁的场地，搭起简易帐篷，扎下营盘，旋即投入到紧张有序的施工中。

冬季海风刺骨，白天干活儿还可以，不显得有多冷，但一到晚上，住在帐篷里，四面漏风，睡觉时冻得骨头疼。取暖呢，主要依靠煤炭：醒来烤会儿火，暖和了继续休息，然后再被冻醒、再烤火……

岛上条件太差了，天寒地冻，无法洗澡，劳累了一天的民工们，白天被汗水湿透的衣服，晚上要压在身上，等到第二天早晨，经常是冻成“一杆棍”，用手揉搓一下才能穿上，靠白天身上散发的热量慢慢化解。

有一次，孟凡帝坐着送石料的驳船去曹妃甸岛，半路上突遇西北大风，海浪把满载沙石料的铁驳船几乎吞没，上面也没躲藏的地方，任由海浪漫过铁驳船，把他们淋成一个个“水人”，大家都冻得瑟瑟发抖，所有人都感到恐怖极了，好不容易才靠近岛上码头。

等他们走下铁驳船，身体大多麻木了，多亏施工驻地还有棉衣等取暖物资，解了燃眉之急。

孟凡帝笑着跟大家说：“人活着就要有理想、有追求，胸怀远大志向。没有今天的苦，哪会有明天的通岛公路，我们不仅是救人的英雄好汉，也是曹妃甸修桥筑路的英雄铁军。等通岛公路修通了，不论啥天气，咱们都可以开着车到这里，到那时大家还在这里当工人！”

通岛公路建设者们立下的铮铮誓言

是啊，通岛公路通车后，首钢就会搬迁到曹妃甸，大面积的围海造地工程马上开始，千年古岛，渔民转型，滦南人披着新世纪的霞光，将托举起无尽的宝藏！

孟凡帝（右）参加首钢京唐联合有限责任公司成立大会

2004年的钟声敲响了，曹妃甸又迎来新光景。

当人们还沉浸在新春佳节中时，通岛公路项目工地已沸腾起来，2004年项目大决战的序幕正式拉开。

初春的曹妃甸，银装素裹。

各路建设大军蹚着齐腰深的海水，靠着人拉肩扛，把施工机械运到作业现场，又云集在曹妃甸南北20公里、东西宽近10公里的海域。

除了小岛上的陆地外，到处是茫茫大海或一望无际的滩涂，上无片瓦，下无棵树。但是，上航局为了推进工程进度，又把通岛公路项目部移到了施工工地。

此时，正是蔬菜淡季，由于距离陆地较远，经常是一连几天见不到绿色，只好用酱油汤佐餐米饭。

即便这样，工程也始终没有停，没有人掉队，更没有人逃离！

2004 年 3 月，为了推进通岛公路项目建设进度，确保工程质量，李宏民、徐徐等搬到工地亲自督导建设，和民工们同吃同住同劳动。

大家时常围坐在小煤炉周围，烤着结冰的馒头，听着呼啸的西北风，在灯光下，边啃边谈论着工作事宜，也畅谈着天下大事和他们的青春梦想。

徐徐后来回忆说："北方的冬季，那个冷，真是刺骨！"

寒冷和潮湿交织在一起，让他的双腿落下了关节炎。

他笑谈，那是曹妃甸岁月的馈赠。

进入 5 月下旬，工地上开始热浪滚滚，"聪明"的民工们为了降温，就浸泡在海水中施工，但他们哪里知道，海水中因为当时的施工影响，带有不少灰尘和细菌，他们中的不少人不同程度地患上了皮肤病，溃烂、红肿时有出现，只能草草涂点药，咬牙忍受。

夏季的海上，酷热潮湿，栖息在路基上的帐篷里，海水又时常漫过，一觉醒来，内衣都能拧出水，也不知是汗水还是海水，总之都含着浓浓的盐，晾干后，白渍斑斑。

回忆起那段往事，李宏民说："那些日子，今天想起来真是艰苦，各方面条件都很差，但是，我们感到非常充实、自信满满，觉得在干着一件前无古人后无来者的超凡事业，光明在前！"

昔日悲悲戚戚的曹妃甸，像一架修好的钢琴，迎着新世纪的曙光，聚集起一群充满朝气和激情的年轻奋斗者，正弹起凯歌的前奏！

67. 徐徐的回忆

2004 年 3 月，春寒料峭，通岛公路施工已经开始，杨振义、薛渤珣、邸哲敏走上工地找到施俭和我，问："什么时候有希望实现通车?"

施俭沉思了一下，回答："估计最早也得到八一。"

又问："能否提前?"

我俩笑了笑，没有答话。

温暖的 4 月来了，杨振义、薛渤珣、邸哲敏又来找我俩，还是为了通岛公路的工程进度。

施俭说："力争 5 月底或 6 月初实现贯通!"

杨振义、薛渤珣、邸哲敏不约而同举起手臂，跟我俩分别击掌，高声说："好，到时我们请你俩喝酒!"

临近贯通，杨振义、薛渤珣、邸哲敏又带着通岛公路建设指挥部的人员来到工地，项目部经理施俭和我一路陪同。

走到十二公里处的龙口岸边，杨振义看着湍急的海流问施俭："这个关键点做好准备了吗?"

施俭郑重地说："基本准备好了。"

杨振义脸色一沉说："基本是什么意思? 必须做到万无一失! 假如再不能按时合上龙口，我就从这里跳下去!"

"请市长放心，坚决完成任务!"施俭看着已是丝丝白发缀满头、面带倦容的杨振义干脆地回答道。

2004 年 5 月 30 日深夜，已近午夜零点，十二公里处的合拢口，方舟公司的两条运输船满载石料不停地往下卸，巨大的毛石块溅起朵朵浪花。北侧两台推土机推着石料步步逼近合拢处，我一手举着手电，一手拿着对讲机，指挥最后的合拢。

零点钟声响过，大型推土机在合拢口上重重地压完最后一铲！

我终于长长地松了一口气，站在合拢断面点上，拿起对讲机向施俭报告："施总，龙口成功合拢！"

对讲机里，只听到施俭大声吼："好！"

龙口合拢标志着通岛公路全线贯通了！

就是在那里，232 天前那个午夜，"10·11"特大风暴潮把通岛公路损毁殆尽，给我们带来了无限伤感。

还是在那里，我们和唐山人民一道，坚强不屈，坚持到底，又创造了新的奇迹！

2004 年 5 月 30 日下午，通岛公路龙口合拢现场

徐徐的回忆，"徐徐"的回忆……

这是他一个人的回忆，也是无数建设者的回忆！

68. 全线通车

一张拍摄于 2004 年 5 月 31 日 11 时 25 分的照片，王志勇、施俭、徐徐、彭永佳、李广青、李宏民、解占强、张才天每次看到，就会感慨万端、热泪滚滚。

在通岛公路现场，建设者们在渔船上庆贺龙口合拢现场

他们聚在简陋的渔船上，围着简单而又寒酸的菜肴，高高地举起啤酒瓶喝酒，那些风华正茂的笑容，那种笑傲苍穹的神态，在照片中淋漓尽致地展现出来，正是合拢后年轻人喜悦与豪情的宣泄！

6 月初的曹妃甸海域，一条灰褐色的长龙连起零公里处和曹妃甸岛，几代人期盼的通岛公路上终于迎来了第一辆从陆地驶来的“车辆”。

那是一辆已经破旧的山东产“时风”牌农用三马车，没有车篷，“嘭嘭”的噪音压过两侧的海浪声，车厢里的“座椅”是每人一个沙袋，否则，难以承受那种颠簸。

三马车从零公里处出发，一路风尘仆仆，直奔灯塔下。

车上乘客：中交上航局规划设计勘察院总经理助理方伟，曹妃甸通岛公路项目部经理施俭、副经理徐徐。

当年驶上曹妃甸岛的第一辆“车”

通岛公路全线通车时的情景

此时的通岛公路虽然实现了贯通，但还没有正式通车。

方伟站在灯塔下向北望去，他离开这里已有一个多月，得知通岛公路全线合拢实现贯通，特意从上海赶过来，要第一个乘车前往灯塔处。

他的愿望终于实现了。

施俭略显沧桑的脸上露出淡淡的笑容，双眼望着横亘在大海上的通岛公路，心潮起伏，然后低下头，握紧双拳，在胸前上下抖了几下。

每当情绪激动，这是他的标志性动作。

是啊，600 多个日日夜夜，悲喜往事如眼前的大海翻卷着滚滚浪花，让人难以平静。

年轻的徐徐走近灯塔，抚摸了一下饱经海水冲刷，风雨侵蚀的灯塔基座，又回过头看了看远方大海中崛起的通岛公路，半年来，他的脸晒黑了，显得有些憔悴，但此时，自信、喜悦涌上心头，不由诗情盎然：

贺通路

曹妃甸通岛公路路基工程苦战一年，历经风浪，顽强拼搏，终于贯通，喜悦之余，赋诗庆贺。

曾经东征途，今昔又腾飞。

叫渤海断流，唐山辟新港。

我欲踏浪去，从此傲青天。

回眸贵妃笑，不肯现人间。

2004 年 9 月 25 日，连接曹妃甸岛与陆地的通岛公路正式全线通车，成为曹妃甸历史上第一条现代化公路，被命名为“曹妃甸通岛 1 号路”。

从此，曹妃甸的建设进入崭新阶段。

这一年的 12 月 22 日，国务院正式做出决定，开发建设曹妃甸项目由国家立项，这预示着曹妃甸开发上升为国家战略。

2005 年 5 月 4 日，国务院又做出决定，原则上批准首钢涉钢系统搬迁至曹妃甸。

至此，首钢大搬迁的序幕正式开启！

通岛公路贯通后，建设指挥部人员与上航局人员合影

左起：彭永佳、张才天、孙庆民、孙建德、方伟、张学玉、邸哲敏、徐徐、梅志能、施俭、李宏民、张向永、赵建军、朱凤佳

2012 年 7 月 11 日，国务院批准撤销唐海县，设立唐山市曹妃甸区。

年底，曹妃甸港区完成货物吞吐量 1.95 亿吨。

在曹妃甸港区的有力带动下，2017 年唐山港以 3.64 亿吨的货物吞吐量排名全球港口第十位，增幅 16.8%，增幅位居全球十大港口之首。

2022 年，曹妃甸港区完成货物吞吐量 4.94 亿吨。

……

如今的曹妃甸，天蓝、地绿、水清，拥有海洋、海岛、温泉、世界级大港、现代工业园区、滨海新城，古老文韵与现代文明交相辉映，形成了我国北方极其罕见的诗意画廊，深受京津游客青睐，被誉为“京津最近的鱼米之乡、滨海乐园”。

2023年的深冬，当笔者采访当年曹妃甸通岛公路建设指挥部总指挥、唐山“10·11”特大风暴潮海上大抢险副总指挥、唐山市原副市长杨振义时，他谈到曹妃甸翻天覆地的变化，眼中浸满泪花，深情地说：“曹妃甸的建设能有今天举世瞩目的巨大成就，是几代人的心血，甚至是生命的代价换来的！其中就包含着当年海上大抢险中那些舍生忘死出海抢险的渔民英雄们，他们为了曹妃甸的发展做出的贡献是不可估量的，我们这代人永世不忘！”

2024年3月笔者解解和滦南县南堡镇人大主席张春翠（左一）

采访杨振义（右二）及夫人吕庆书（右一）

第十二章　上善若水

早晨我把网撒在海里。

我从沉黑的深渊拉出奇形奇美的东西——有些微笑般地发亮，有些眼泪般地闪光，有的晕红得像新娘的双颊。

当我携带着这一天的收获回到家里的时候，我的爱人正坐在园里悠闲地扯着花叶。

我沉吟了一会儿，就把我捞得的一切放在她的脚前，沉默地站着。

她瞧了一眼说："这是些什么怪东西？我不知道这些东西有什么用处！"

我羞愧得低下了头，心想：我并没有为这些东西去奋斗，也不是从市场里买来的；这不是一些配送给她的礼物。

整夜的工夫我把这些东西一件一件地丢到街上。

早晨行路的人来了；他们把这些拾起带到远方去了。

——节选自泰戈尔《园丁集》

69. 感动唐山

“10·11”特大风暴潮发生后，海上大抢险的事迹从沿海传向四面八方，人们为之感动，为之慨叹，为之动容！

曾任唐山人民广播电台副台长、唐山广播电视学会秘书长，高级编辑的吕庆书曾这样写道：“感天动地的事迹：牺牲自己，成全别人；我们中华民族赞赏这样一种情怀，在为他人做出牺牲时，从不索恩图报。这些在危难时刻挺身而出的船老大和渔民不正是这样一个群体吗？不正是他们用行动回答了什么是情操和道德的高尚吗？大海有声，岁月无言，人们记住了这些可敬的船老大：孟凡帝、孟凡江、周世珠、曹荣海、杨义善、李爱兵、桑福贵……”

2003年10月24日，暮秋的滦南县城，暖阳高照。“10·11”海上抢险的英雄们步入滦南县政府招待所大礼堂，参加滦南县委、县政府在那里举行的表彰大会，唐山市委高度重视，市、县主要领导悉数到会。

时任市委副书记田向利在表彰大会上，对“10·11”海上救险英雄群体的大无畏精神给予充分肯定：广大干部群众在救险过程中，表现出团结互助的崇高境界，舍己为人的高尚品格，敢于胜利的英雄气概，丰富和发展了唐山几代人薪火相传的城市精神，赋予了唐山魂以新的时代内涵，是弥足珍贵的精神财富……

10月25日，《唐山劳动日报》在头版显著位置登载出这样的消息：

滦南县隆重表彰“10·11”海上救险英雄群体

10月24日滦南县委、县政府隆重集会，表彰“10·11”海上救险英雄群体，弘扬不畏艰险、见义勇为的大无畏革命英雄主义和不计名利、无私奉献的共产主义风格，讴歌中华民族有难必帮、有危必救的优良传统和道德风尚。

今年10月11日特大风暴潮突袭滦南海域，给海上作业渔民和曹妃甸岛上施工人员的生命安全造成严重威胁，滦南县各级领导、相关单位和沿海镇许多渔民闻险而动，冒着风大浪高、船沉人亡的巨大危险，先后组织多批次渔船出海营救，使450名被困遇险的渔民和施工人员转危为安，谱写了一曲临危不乱、舍己救人的集体主义和英雄主义赞歌！

中共滦南县委、滦南县人民政府又做出决定，对“10·11”海上大抢险英雄群体进行命名表彰。

2003年年底，唐山市委、市政府和曹妃甸通岛公路项目建设指挥部为了慰问在这次风暴潮大抢险中做出巨大贡献的英雄们，把他们邀请到唐海县城组织了一次迎新年慰问活动。出席这次慰问活动的有杨振义、薛渤珣、邸哲敏、王志勇、李广青、方伟、施俭、徐徐等，孟凡帝也带领着抢险英雄们来到活动现场。

“海上救险英雄”桑福贵也受邀参加了慰问活动。当市领导杨振义拉着他的手，对他在“10·11”大抢险中的突出表现给予赞扬和表示钦佩时，桑福贵激动地说：“这是我们应该做的。党和政府给予了我们崇高荣誉。颁给我的那个证书要好好地保留着。我也和儿子说了，真的有那么一天，一定要把它放在我的骨灰盒里！”

2006年是唐山“7·28”大地震30周年。

为了铭记史无前例的灾难、弘扬抗震精神、激发建设新唐山的豪情，由唐山市委宣传部及新闻部门组织开展了纪念唐山抗震30周年“感动唐山十大新闻人物”评选活动，唐山方舟实业有限公司总经理孟凡帝因在2003年“10·11”特大风暴潮中的突出表现，当选为首届“感动唐山十大新闻人物”。

接到唐山市委宣传部和新闻媒体邀他参加颁奖活动的通知时，孟凡帝有感而发：“还有很多见义勇为、无私奉献的英雄们，他们都有资格成为感动全社会的人物，我只不过是这个群体的带头人和组织者。”

最后，孟凡帝征得组织方同意，带着周世珠、周海生、曹友宝、杨义善、杨久林、刘士卫参加了那场隆重的表彰活动。

2006 年，在北京治疗中的孟凡江

而孟凡江，那位铁骨铮铮的硬汉，那一年却因突发性大面积脑溢血刚刚从死亡线上挣脱回来，仍躺在北京医院的病床上，给那次活动留下了一个缺憾。

在现场，当主持人问孟凡帝，在危急时刻让自己的亲弟弟第一个出海，万一发生意外该如何向家人交代时，他回答：“当时没有时间想，现在是有时间不敢想，只有让弟弟第一个出海，其他抢险的渔船才会更多地出海！救人要紧！”

此言一出，掌声、泪花溢满了整个演播大厅！

组委会的颁奖词是这样的：

什么是崇高，什么是伟大，孟凡帝和他弟兄们给了恰当的解释！人生不仅仅在加法，更在于乘法，只有这样才能实现理想的最高值！

一奶同胞，血浓于水，因为源于同样一条根系；素昧平生，同样血浓于水，因为同属于一个中华民族；踏平惊涛，感天动地，舍生忘死，气壮山河！他的胸怀天空一样博大，他就是——海！

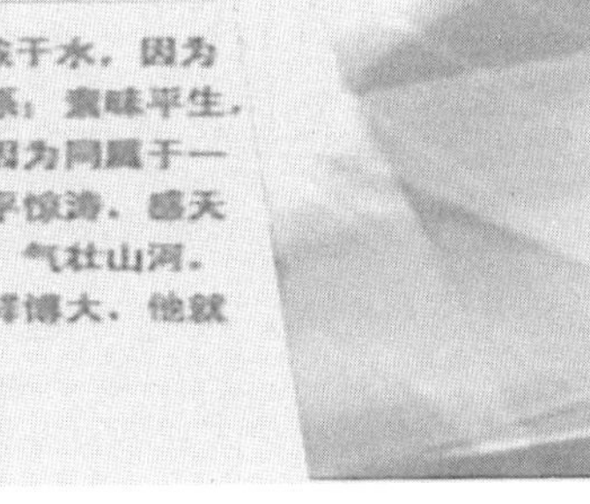

“感动唐山十大新闻人物”评选组委会给予孟凡帝的颁奖词

“感动唐山十大新闻人物”评选活动揭晓现场

左起：刘士卫、杨义善、周海生、曹友保、周世珠、孟凡帝、杨久林、王郁静

2022年春，当我们采访到曹妃甸区首任党工委书记、管委会主任，唐山市委原常委、政法委书记许德茂时，他谈起一些不为人知的细节：

10月12日的上午，海上大抢险已基本结束，只剩下失踪的三人未得到消息。就在等待的间隙，市委书记问我："那个高大魁梧、处处在前落实安排的小伙子是哪里人？"

我说："我也不认识，我问一下杨市长！"

后来，又通过秦少清的介绍，才知道了是滦南的孟凡帝，一位普通渔民。

书记对在场的人们说："这些船老大们大家都得记住，没有他们，就没有这次大抢险的成功，人民群众永远是我们的胜利之本！尤其是在关键时刻，像孟凡帝这样做出突出贡献的年轻人！"

从那以后，我就记住了孟凡帝的名字。

两年后，我被唐山市委任命为首任曹妃甸区的"当家人"。

记得那年冬天的一天，我去调研正在建设中的25万吨矿石码头基地。已是临近傍晚，走到一排工棚前，我发现上面挂着"方舟实业有限公司曹妃甸项目部"的牌子，问这个公司是哪里的，是不是滦南嘴东方舟公司。随行的港口建设部门负责人说是，我就临时决定到里面看看。

进去后，看到孟凡帝正在那里。彼此寒暄后，我细致地了解方舟公司的发展情况及存在问题。最后，跟随行人员说："今后，方舟公司在咱们曹妃甸工业区开展的业务，凡是在政策允许之下，都要提供最好的服务和方便，有事直接找我。"

一晃十几年过去，仔细想想，孟凡帝一件事也没有找过我。

……

2022年的初春，笔者在黄浦江畔的上海航道局采访到荣获全国劳动模范、交通部长江口深水航道治理项目先进个人、现任上海航道局安全监督部总经理的施俭时，他深情地说："快20年了，我很怀念在唐山那段美好时光，那里的人、那里的大海、那里的风土人情都给我留下了深深印象。'10·11'风暴潮过去这么多年，舍生忘死营救我们的那些渔民和船老大们没有一个找到我们说事或要求啥回报。但我们没有忘记他们的救命之恩，我们上海人会永远记住。"

70. 大海依旧

孟凡江，2006年那场大病，把他置于言语和肢体瘫痪中。

2008年的5月12日，汶川大地震。

震后第三天，还在大病恢复中的孟凡江在妻子搀扶下，来到村委会。他颤抖着身躯，在妻子的帮助下，用一只颤巍巍的手把1万元现金放到捐款箱里。

这笔钱，对于孟凡江来说是一笔巨款。在北京、在唐山，因为治病已花费巨大，但他还是断断续续地对妻子李丽梅说："捐……上，我……是……党员！"

当电视台记者要采访他们夫妇时，人们看到，他还是重复了5年前出海救人回来时的那

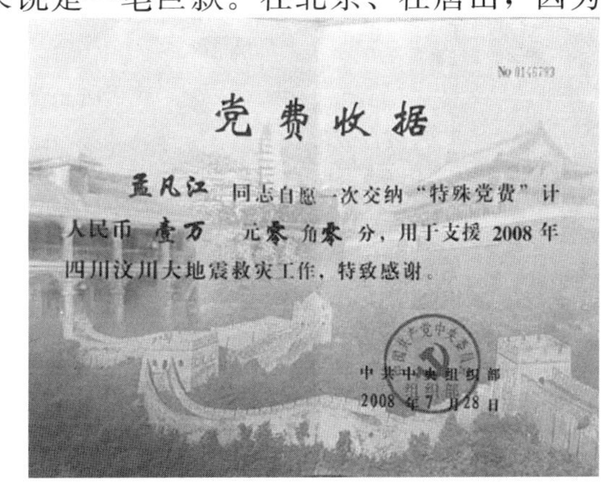
No 0146793

党费收据

孟凡江 同志自愿一次交纳"特殊党费"计人民币 壹万 元零 角零 分，用于支援2008年四川汶川大地震救灾工作，特致感谢。

中共中央组织部
2008年7月28日

孟凡江交纳特殊党费收据

个手势，但这一回，他只是摆了摆一只胳膊，因为另外那只胳膊还没有知觉。他又慢慢地晃了一下头，说不出一句话，比画着，让妻子扶着回家了。

望着他的背影，人们无不流泪。

随后，在抗震救灾特殊党费中，孟凡江又捐出 1 万元。

多年来，无论是在捐资助教的讲台桌前，还是在扶贫路上，或是在抗击疫情的捐款箱前，无不留下孟凡江的身影。

孟凡帝（右一）、孟凡江和父母

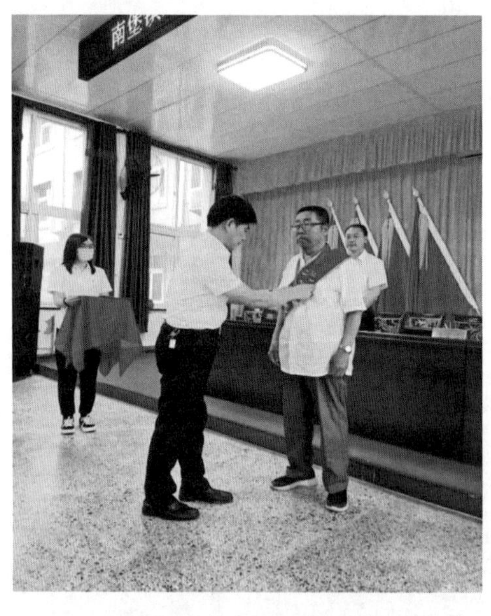

南堡镇党委书记张宝宏
为孟庆来颁授“光荣在党 50 年”奖章

2022 年的新年采访，我们在孟凡江的家中见到了他的父母。

交谈中，孟母深情地说起儿子：“我一直挂念的就是二儿子，在家最小。尤其是那年大病后，真不知是怎么熬过来的。”

孟凡帝不会忘记，弟弟孟凡江因那场大病在唐山工人医院 ICU 监护室整整昏迷的 15 个昼夜。

他怀有 7 个多月身孕的妻子李丽梅站立在病房外，焦急地等待着丈夫的音信。当孟凡江被推出 ICU 监护室的那一刻，李丽梅望着仍闭着双眼的孟凡江呼唤到：

"凡江，你睁开眼睛，看看我们，看看我们!"当医护人员把他放在病床上，孟凡帝轻轻地呼唤着弟弟："我是哥哥，睁开眼看看我，好吗……"此时，孟凡江长长地喘了一口气，突然睁开眼，大声地、艰难地说道："我没有死，我又活过来了!"

好人好报，喜极而泣。

病重弟弟尚且捐爱，健壮哥哥更是慷慨。

无论是面对汶川大地震、华南冰雪灾害、玉树泥石流、新冠疫情等灾害，还是在脱贫攻坚、乡村振兴、捐资助学等行动中，孟凡帝从来不讲任何条件，不求任何回报，默默地捐款捐物。村里的鳏寡孤独、生活困难户、失学孩童，更是他关爱的对象……

唐山方舟实业有限公司为抗击新冠疫情捐款

20 年来，孟凡帝累计捐款，已达数百万元!

71. 行稳致远

2002 年，孟凡帝怀着多年向海的蓝色梦想，追逐曹妃甸大开发建设的浪潮，以嘴东渔港为基地，建造了 18 条铁皮驳船，组成方舟公司海上运输船队，为海上施工运送各类物资。

于是，便有了那一场惊天动地的“10·11海上大抢险”。

抢险过后，他继续追“梦”。

虽然没有走进大学校门，但他后来一直没有放弃学习——在社会上学习，在创业中学习，在困境中学习，凭着抗击风暴潮的精神，凭着勤劳和智慧，摘取了一串又一串甜美的果实。

2010年9月9日的《河北日报》登载出这样的消息：

由唐山市人大代表、感动唐山十大新闻人物、唐山方舟实业有限公司总经理孟凡帝投资兴建的河北省首家民营修造船厂正在加紧建设中，工程预计到10月份正式完工。项目投产后，将填补唐山市修造船业的空白。

该项目分两期建设，一期年设计生产能力造船80000载重吨，修船140艘；二期计划建设大型船坞，以提高综合修造船能力。项目具备制造和修理二级Ⅱ类一般钢质船舶资质，于2008年5月正式开工建设，预计今年10月建成投产。

“法佳·巴哈瑞2号”下水仪式

据有关人士介绍，唐山方舟实业有限公司修造船厂项目的建设，不仅将结束唐山市乃至河北省地方没有大型正规化民营修造船厂的历史，而且标志着以修造船业为主的海洋装备制造业在唐山市已经正式兴起，这对唐山市的产业结构调整和经济转型具有重大的意义。

一年以后的 9 月 7 日，唐山方舟修造船厂码头上，人头簇动，彩旗飘扬，人们正在欢呼着刚刚下水的大型货轮“法佳·巴哈瑞 2 号”即将远航，这是唐山市造船历史上建造的第一艘 5000 吨级货轮，也是唐山人自己建造的驶出国门的第一艘轮船。

2024 年 12 月 22 日，唐山方舟公司建造的两台港口门座式起重机一次性安装成功，填补了省内同行业空白，标志着该企业现代化海洋装备制造再上新台阶

长城网唐山2011年9月11电：9月7日，“法佳·巴哈瑞2号”货轮在曹妃甸工业区西侧的嘴东渔港正式下水。“法佳·巴哈瑞2号”是由河北省首家民营修造船厂——唐山方舟实业修造船厂建造的首艘正规货轮，此举结束了唐山市不能建造正规轮船的历史，标志着唐山市的海洋装备制造业发展迈出了关键的一步。

“法佳·巴哈瑞2号”货轮是方舟公司为印度尼西亚的那苏特拉·法佳·巴哈瑞公司建造的新型江海联运多功能钢制船舶，用于散装类货物、集装箱及大件运输，还可用于海上工程、石油平台补给运输等服务项目。该船于2010年3月正式开始建造，船长100米，宽18米，载重量为5000吨，建造预算600多万美元。该船建成后，将驶往印尼投入运营。

2022年12月，时任河北省副省长时清霜（前排右二）、

滦南县委书记吕素青（前排右一）考察唐山方舟实业有限公司修造船厂。

唐山方舟实业有限公司董事长孟凡帝（前排右三）陪同

唐山方舟实业有限公司修造船厂建造的船舶驶出国门，奔向深蓝。10 多年来，方舟修造船厂先后建造各类船舶百余艘，修理各种船舶 1000 多艘……

2008 年，孟凡帝又带领着唐山方舟实业有限公司进军全新领域，实施多元化发展之路。

他在滦南县城西工业区投资建成唐山伯特利汽车安全系统有限公司，其产品出口欧美及日韩等多个国家和地区，又同南方同行企业深度融合，扩大规模，提质增效。

2018 年 4 月 27 日，成功登陆上交所主板市场，唐山伯特利驶入发展的快车道，成为本地企业与外地企业合作的成功典范。

时任滦南县委副书记刘兆宾（左二）和孟凡帝（左一）
一起在上交所参加伯特利上市仪式

二十年，栉风沐雨！二十年，砥砺前行！二十年，凭着自己的聪明才智，孜孜以求，奋进不止，成就辉煌！

孟凡帝参加河北省人代会留影

因为成绩卓著，孟凡帝先后当选唐山市第九届政协委员、唐山市第十届人大代表、唐山市总商会第十六届副会长、唐山市工商联第十七届副主席，连续当选河北省第十二届、十三届人大代表，并被评选为“河北省农村拔尖人才”“河北省经济十大风云人物”。

72. 以爱传爱

冀东沿海渔民中，流传着一个“挑招子”的习俗。

何谓“挑招子”？

旧时没有通信联络，只要看到海上船只用竹竿高高挑起一只“大海篮子”（用来装渔获的柳编篮子），路过或附近的渔船无论在干什么，或有多大困难，即便是平时有天大仇怨，也不再计较，都要及时、全力救援。因为他们知道，海上渔船没有危险是不会“挑招子”的，人命关天！

即使现在的渔船都配备上了现代化通信设施，但这种已经沿袭了几百年的习俗依然被保留了下来。

2004 年 5 月 17 日清晨，嘴东海域风和日丽，波光潋滟。

时任秦皇岛港务局曹妃甸实业集团股份有限公司工程部部长的李勇带领 8 名工程技术人员，乘坐秦皇岛海警支队快艇从嘴东渔港出发，奔赴准备建设中的曹妃甸岛矿石码头基地，开始了一天的工作。

下午 4 点多，收工回嘴东渔港。行驶不久，快艇像一头有气无力的拉车牛，喘了几声粗气，慢慢停了下来。驾驶员万分焦急，经检查发现：快艇油料耗尽。

踌躇之际，东北海面突起大风。顷刻间，小艇像汪洋中的一只水瓢，在海面上打起了转转，左右摇晃，上下颠簸，艇上 9 人性命顿时被海浪推向危险境地。

焦急的李勇连续不断地呼叫着岸边指挥部，寻求支援。

一筹莫展的指挥部人员在码头上正好遇到刚从曹妃甸工地回来的孟凡帝。

简要说明情况，请求出海救人！

不一会儿，孟凡帝和周世珠及船长就一起登上渔船，出发了。

茫茫大海上，没有任何参照物，快艇上的人员也说不出具体位置。

孟凡帝一边和他们通着电话，一边目不转睛地在波涛滚滚的大海上搜寻着快艇。

情急之下，孟凡帝想到了传统的海上救援方式“挑招子”，于是，便打电话让他们在艇上举起标志物以利寻找。

终于，在通往天津港的外海航道上发现了一艘快艇。小艇上，高高举起的一根木杆上绑着红色救生衣！

但是，这里是渤海湾大型货轮行驶的主航道，来往船只非常密集，本来就水深浪急，更不用说那天大风卷起的巨浪，就是大型货轮正常行驶中卷起的海浪，也足以将小快艇卷翻，造成船沉人亡。

孟凡帝让船长加大马力，迅速向竖起红色救生衣的快艇驶去，在确保安全的前提下及时把汽油送上。

多年后，李勇回忆说：“上岸后，公司让我代表项目建设指挥部找到孟凡帝，送去 5000 元油费和酬谢，但被断然谢绝了！”

2007年4月9日，渤海海域遭受寒潮袭击，刮起8级大风。

一艘渔船在返回渔港时突然漏水。风急浪高，眼看渔船就要淹没在大海中，7名渔民命悬一线。

南堡镇廒上村渔民杨晓东，驾驶着自己的渔船正在驶往渔港避风。接到求救信号后，迅速掉转船头，开足马力，赶往出事地点，带领6名船员将危在旦夕的7名遇险渔民全部救起，在巨浪滔天的茫茫大海中上演了一场惊心动魄的生死大营救。

事后，杨晓东被评为河北省第二届见义勇为道德模范。

2017年9月30日上午10时，28岁的南堡镇杨岭渔业村渔民张建伟，面对遭遇大风、将要沉海的不相识渔船，奋力割断自己的渔网，疾驰救援。最终，遇险的5名渔民全部获救。

翌年7月，张建伟荣登“中国好人榜”。

2018年1月12日，南堡镇杨岭渔业村姚建军正在海上作业，突然接到十几海里外渔船的求救电话。他不顾自身及渔船安危，毅然决然赶赴出事海域。

经过4个多小时的奋力营救，7名渔民全部脱险。

因事迹突出，姚建军被评为“河北好人”。

……

一个个鲜活的英雄，似一颗颗明星闪耀在渤海岸边，为南堡这个滨海“好人小镇”增光添彩：桑树刚、张瑞涛、杨玉兵、孟凡辉、杨其方、丁家林……

岁月远去，涛声依旧。一个仅仅万余人的滨海小镇，英雄之花结出累累硕果。

2022年初春，当笔者采访中国人民解放军原副司令赵兴发将军时，他语重心长的话语久久回响在我们的耳畔：“每次回到家乡，看到曹妃甸日新月异的变化，很是感慨！更感到那些普普通通的渔民们在生死关头创造的‘奋勇担当，舍生忘死，抛家为国，无私奉献’的伟大精神弥足珍贵，鼓舞激励了那么多人，非常值得弘扬和传承！”

解解（右）采访中国人民解放军海军原副司令赵兴发将军

2022年春，现任上海航道局安监部总经理施俭在接受笔者采访时也无限感慨地说道：“唐山，不愧是一座英雄城，唐山人民真是了不起！历尽千难万险修筑起曹妃甸通岛公路，以敢为天下先的气魄建起曹妃甸国际知名大港，这是英雄的唐山人民交给历史的一份最壮美答卷！”

2022年春采访时，上海航道局施俭（左）与杨义志在上海合影

生死相依，沧海作证。远去的是岁月，留下的是精神，凝筑成的是深情！上海，唐山，山海相连，不熄的曹妃甸海上大抢险精神似东海之滨滚滚波涛，永远地奔腾不息；似燕山连绵的群峰，将成为一座永恒丰碑，铸就成砥砺人们心行向善、勇往直前的磅礴力量！

结局或开始　海蓝

天空湛蓝，海水湛蓝，似乎一切都了然无痕，一切都没有发生。

若非立碑刻石，若非亲历者尚在，再过一些年，人们还会记得在这片辽阔的大海上，在美丽神奇的渤海湾畔，一群可亲可敬的渔民曾进行过两天两夜的殊死搏斗，从惊涛骇浪中救回 450 条生命吗？

人啊，总是健忘的，历史长河中曾发生过多少可歌可泣的故事，而我们如今又真正记得多少呢？

有这么一则寓言故事：

退潮后，海边的沙滩上留下很多小鱼，在烈日的炙烤下，它们即将面临死亡。这时候，一个孩子来到海边，一条一条捡起小鱼，把它们放进大海。

有人问孩子："沙滩上有那么多小鱼，你捡得过来吗？一条小鱼而已，有谁会在乎呢？"

孩子一边往海里扔鱼，一边说："你看，这一条在乎，这一条也在乎……"

是的，被救者不会忘记，曹妃甸不会忘记，渤海湾不会忘记！

至于施救的人，他们也不在乎是否被记住，就像一首诗写的那样：

I leave no trace of wings in the air
天空没有翅膀的痕迹
but I am glad I have had my flight
而我已经飞过

但是，作为一个有良知的人，一个地方、一个民族、一个国家，不应该忘记，因为他们是热血的勇者，因为他们是民族的脊梁！

尽管，他们是平凡的，是沉默的，甚至在现实生活里是粗犷的、有缺点的。

这才是有血有肉的人，这才是有血有肉的英雄！

为此，从 2021 年寒冬起，笔者在社会各界的大力支持下，足迹踏遍大江南北，行程 1 万余公里，采访 130 多人，拍摄图片 2000 余幅，录像、录音 3000 多分钟，耗时 9 个多月时间，终于收集整理到了这些历史资料。

他们当中，既有当年亲身参与抢险的渔民，又有当年身处绝境的被救民工，更有大抢险中的决策者和指挥者；如今，他们有的仍奋战在工作一线，有的正颐养天年，有的已不在人世……

不敢说这些资料多么宝贵，更不敢说笔者的付出多么艰辛、行为多么高尚，但有一点可以肯定，至少所记文字是可信的、真实的，情是真的，血是热的。

在实地采访中，在后期整理和创作中，笔者被一次次感动、震撼，泪洒当场，难以为继。

可以想象，当时的亲历者们，曾有过怎样的痛苦与煎熬?

难以为继也要继续，一如当年的他们，坚持到底。

……

终于，一切都结束了。

一切都结束了吗?

太阳，每时每刻都是夕阳，也都是旭日。

大海，每时每刻都是风暴，也都是平静。

喔，沸腾的大海，平静的大海……

重印后记

《生死岛——唐山“10·11”特大风暴潮海上抢险纪实》一书出版发行后，受到读者广泛关注。

书中故事虽已过去20多年，但经作者历尽千辛万苦的采集整理后撰写成书，以翔实的史料全景式再现出当年唐山“10·11”海上大抢险的全过程，仍然在广大读者中引起强烈共鸣。一年来，从收到的成千上万条信息中，我们深深地感到：他们为举世罕见的“10·11”海难成功大抢险而震撼，为唐山人民在生死抉择面前展现的凛然大义而感动，为唐山人民在特大自然灾害面前凝铸成的惊天地、泣鬼神的伟大精神而自豪！一年中，我们也收到了很多热心读者提出的宝贵意见和建议。他们当中既有当年参与海上大抢险的普通渔民，也有当年参与曹妃甸开发建设的决策者、指挥者，还有各方面的专业技术人员。他们以各自的亲身经历和学识，从不同层面和视角，再次为我们提供了非常有价值的史料和指导。

为了更真实、客观、准确地反映出当年海上大抢险的全过程，我们经过精心整理和求证，也应广大读者的要求，决定对本书进行修订、重印。

重印修改的内容虽说不多，但都很关键，大多是未曾发现或已湮没多年的闪光点，再经作者精雕细琢，应该能为本书增光添彩。至于因诸多原因删减的个别内容，殊为遗憾。在此，谨向广大热心读者致以深深的敬意和谢忱！

李春雷

2024 年 12 月